나의 첫 일본어

NEW 개정판

저자 | よし(吉)

국제어학연구소 출판부

나의 첫 일본어 –개정판–

2004년 4월 15일 초판 1쇄 박음
2019년 2월 25일 개정 4쇄 펴냄

지은이 요시
펴낸이 황희재
펴낸곳 (주)국제어학연구소 출판부

출판등록 2010년 1월 18일 제302-2010-000006호
주소 (140-111) 서울특별시 용산구 원효로83길 5-4(원효로1가)
Tel 02·704·0900 / 715·9064 Fax 02·703·5117
홈페이지 www.bookcamp.co.kr

책임편집 문성원·한정화·유정옥
표지 디자인 임원숙
편집 디자인 민선영·임원숙
마케팅 김봉선·변창호
제작 조남교
MANAGEMENT 문혜란

ISBN 978-89-5911-104-6 13730

가격은 표지 뒷면에 표시되어 있습니다.

머리말

　이제는 세계곳곳의 소식을 실시간으로 접할 수 있을 정도로 지구촌은 하나로 연결되어 있습니다. 하지만 그 나라에 관해 속속들이 알고 싶다면 역시 제대로 보고 겪어야 하겠습니다. 그러기 위해서는 아니, 직접 체험이 아니더라도 자료 하나를 구해보더라도 그 나라의 언어를 습득하지 않고서는 불가능합니다.

　한때는 세계 최고의 부와 기술력을 자랑하던 일본, 오랜 경기 침체 탓에 명성이 많이 꺾이긴 했어도 아직도 무시하기에는 너무나 큰 존재라는 생각이 듭니다. 우리가 돈을 벌기 위해 당장에 돈이 될 만한 것에만 투자를 해 왔다면 일본은 그 기초가 되는 가만히 앉아서도 돈을 벌 수 있는 기초과학에 지원과 노력을 아끼지 않습니다.

　세계 경제 전체가 뿌리 채 뒤흔들리고 있는 지금, 일본은 조용히 도약할 준비를 하고 있습니다. 우리같이 자원 없고 믿을 것이라고는 인력밖에 없는 입장으로서는 인재 양성이 최고의 재산이 될 것입니다. 끊임없이 배우고 익히고, 또, 그것을 사회에 환원해야 할 것입니다.

　일본어는 흔히들 배우기 쉬운 언어라고들 합니다만 실제로 학습을 시도해 보신 분들이라면 결코 녹녹치만은 않다는 것을 알고 계실 줄 압니다. 방대한 어휘와 문화적 차이가 그 원인이겠지요.

　이 책은 독자 여러분의 그러한 어려움을 십분 이해하여 문자를 익히는 과정에서부터 차근차근 익힐 수 있도록 하였습니다. 문법적인 면은 되도록 간단하고 쉽게 익힐 수 있도록 하였고, 실전에서 많이 사용되어지고 있는 회화문을 중심으로 엮었습니다.

　아무쪼록 이 책이 독자 여러분의 일본어 습득에 많은 도움이 되길 바라며 끝으로 이 책이 나오기까지 물심양면으로 애써 주신 국제어학연구소 가족 여러분께 감사 드립니다.

이 책의 구성

➡ 필수표현

일본어의 기초를 다져 주는 핵심 표현을 문법에 기초하여 하나하나 자세히 설명하였습니다. 필수표현만 익혀도 일본어에 자신감을 가질 수 있습니다.

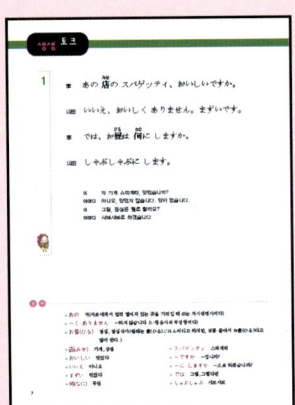

➡ 생생토크

필수표현에서 배운 내용을 생생한 회화로 엮었습니다. 두 명의 일본인이 실제 대화하듯이 녹음한 CD로 말하기와 듣기를 완벽하게 익혀 보세요.

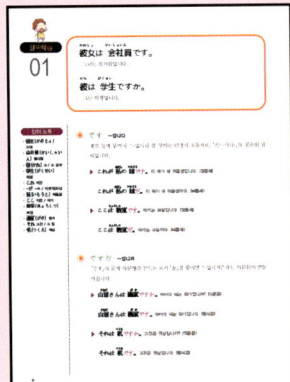

➡ 알짜학습

일본어를 듣고, 말하고, 읽고 쓰는 데 꼭 필요한 알짜배기 요소들을 모았습니다. 풍부한 예문을 통해 이해력을 넓히고, 일본어 문법을 배워 보세요.

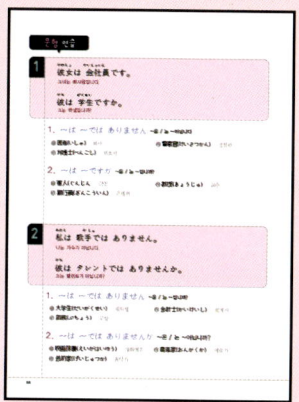

문형 연습

각 Unit에서 배운 가장 중요한 문형을 익히는 코너입니다. 기본 문형에 새로운 단어를 대체하여, 반복 학습 효과는 물론 어휘력까지 향상시켜 보세요.

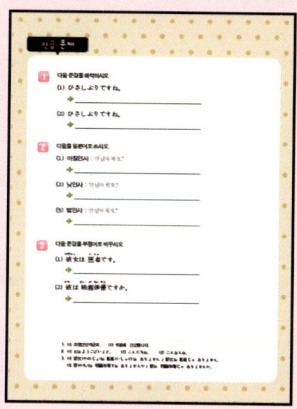

연습문제

각 Unit에서 공부한 내용을 충분히 이해했는지 해석과 일본어 쓰기, 주요 문법을 테스트해 봅니다. 부족한 부분은 다시 한번 확인하고 넘어가세요.

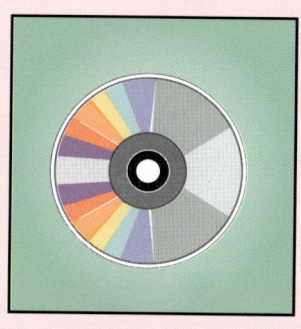

CD

각 Unit의 〈필수표현〉, 〈생생토크〉, 〈문형연습〉을 일본인의 생생한 발음으로 들을 수 있습니다. 실제로 대화하는 빠르기와 반복 학습으로 실전 능력을 키우세요.

＊ 1 unit마다 4개의 track으로 구성되어 있습니다.

CONTENTS

일본의 문자

현재 일본에서 사용되고 있는 문자로는 ひらがな, カタカナ, 漢字 세 종류의 글자를 혼용하고 있다. 그러면 이 세 종류의 글자에 관해 간략하게 설명하고 넘어가겠다.

• 히라가나 (ひらがな)

ひらがな 히라가나 는 平安 헤-앙 시대 귀족 여성들이 한자를 간략화해 만들어낸 쉬운 글자이다. 주로 여성들이 사용하였다 하여 「여성글자」라고 했으나 현대에 와서는 인쇄, 필기 등 모든 경우에 걸쳐 광범위하게 쓰이고 있다.

• 가타카나 (カタカナ)

カタカナ 가타카나 는 옛 승려들이 불전을 표기할 때 한자의 획 일부분을 따 간단하게 약기호로 만들어 쓴 글자이다. 현대에 와서는 외래어, 전보문, 의성어·의태어, 인명·지명, 동물·식물명 등에 사용하고 있으며 점점 더 사용도와 중요성이 커지고 있다.

> ※ 가타카나 カタカナ 를 반드시 사용해야 하는 경우
> 외래어 표기, 전보문, 법령
>
> 강조 효과를 위해 사용하는 경우
> 의성어·의태어, 인명·지명, 동물·식물명 등

• 한자 (漢字)

新字를 쓰고 있으며 2010년 6월 개정이 이루어져 종전의 1945자에서 5글자가 빠지고 196자가 늘어나 현재는 2136자이다.

■ ■ ■ **히라가나** (ひらがな)

	あ행	か행	さ행	た행	な행	は행	ま행	や행	ら행	わ행	
あ단	あ [a]	か [ka]	さ [sa]	た [ta]	な [na]	は [ha]	ま [ma]	や [ya]	ら [ra]	わ [wa]	ん [ŋ]
い단	い [i]	き [ki]	し [si]	ち [chi]	に [ni]	ひ [hi]	み [mi]		り [ri]		
う단	う [u]	く [ku]	す [su]	つ [tsu]	ぬ [nu]	ふ [hu]	む [mu]	ゆ [yu]	る [ru]		
え단	え [e]	け [ke]	せ [se]	て [te]	ね [ne]	へ [he]	め [me]		れ [re]		
お단	お [o]	こ [ko]	そ [so]	と [to]	の [no]	ほ [ho]	も [mo]	よ [yo]	ろ [ro]	を [wo]	

■ ■ ■ **가타카나** (カタカナ)

	ア행	カ행	サ행	タ행	ナ행	ハ행	マ행	ヤ행	ラ행	ワ행	
ア단	ア [a]	カ [ka]	サ [sa]	タ [ta]	ナ [na]	ハ [ha]	マ [ma]	ヤ [ya]	ラ [ra]	ワ [wa]	ン [ŋ]
イ단	イ [i]	キ [ki]	シ [si]	チ [chi]	ニ [ni]	ヒ [hi]	ミ [mi]		リ [ri]		
ウ단	ウ [u]	ク [ku]	ス [su]	ツ [tsu]	ヌ [nu]	フ [hu]	ム [mu]	ユ [yu]	ル [ru]		
エ단	エ [e]	ケ [ke]	セ [se]	テ [te]	ネ [ne]	ヘ [he]	メ [me]		レ [re]		
オ단	オ [o]	コ [ko]	ソ [so]	ト [to]	ノ [no]	ホ [ho]	モ [mo]	ヨ [yo]	ロ [ro]	ヲ [wo]	

일본의 문자

청음이란? 가나(かな)에 「ヾ」나 「。」 같은 표시가 달리지 않은 글자로 성대의 진동이 없는 맑은 소리를 말한다.

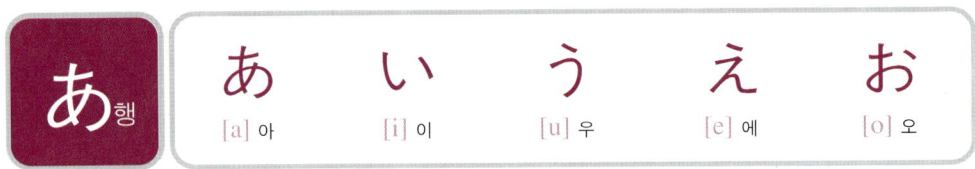

あ행

あ	い	う	え	お
[a] 아	[i] 이	[u] 우	[e] 에	[o] 오

예 **あい** 아이 사랑   **いえ** 이에 집
うお 우오 물고기   **おい** 오이 조카

ア행

ア	イ	ウ	エ	オ
[a] 아	[i] 이	[u] 우	[e] 에	[o] 오

예 **エア** 에아 공기   **アイスクリーム** 아이스꾸리-무 아이스크림
インク 잉꾸 잉크   **オイル** 오이루 오일(oil ; 석유)

▶ **발음 설명**

우리말의 「아·이·우·에·오」와 거의 비슷하다.

주의 : う[u]: 「으」와 「우」의 중간 발음, 입술을 내밀지 말고 발음해야 한다.

か행	か	き	く	け	こ
	[ka] 카	[ki] 키	[ku] 쿠	[ke] 케	[ko] 코

예 かき 카끼 감   きかく 키까꾸 기획
きく 키꾸 국화   ここ 코꼬 여기

カ행	カ	キ	ク	ケ	コ
	[ka] 카	[ki] 키	[ku] 쿠	[ke] 케	[ko] 코

예 キー 카- 열쇠   ケーキ 케-끼 케이크
カカオ 카까오 카카오   カラオケ 카라오께 가라오케

▶ **발음 설명**

우리말 「ㄱ」과 영어 「k」의 중간음 정도로 하되 「k」에 가깝게 발음한다. 단 2음절 이하부터는 「ㄲ」에 가깝게 발음됨에 유의한다. 첫음절 : 카·키·쿠·케·코, 2음절 이하 : 까·끼·꾸·께·꼬(편의상 한글 발음 토는 이런 식으로 달겠으니 정확한 발음은 항상 염두에 두기 바란다)

주의 : '카키쿠케코'와 '가기구게고'의 중간발음이며, 2음절 이하부터는 된발음이 된다. 사실 외국어의 발음을 한국음으로 옮긴다는 건 쉬운 일이 아니다. 그래서 거기에 따른 혼란도 많은데, か음의 경우 첫음절의 경우 여기선 「카」로 표기하나, 「가」로 표기해도 그네들에겐 「카」로 들린다 하여 「가」로 표기하는 경우도 있고, 둘째 음절의 경우엔 「까」에 가깝게 들리나 영문표기가 「ka」라 하여 「카」로 표기하는 경우도 적지 않다. 아마 신문이나 TV에선 이 원칙에 가깝다 할 수 있다. 중요한 건 최대한 비슷하게 접근하는 것이 중요하니 원어민의 발음을 참조하여 정확한 발음을 익혀야 한다.

일본의 문자

| さ행 | さ [sa] 사 | し [si] 시 | す [su] 스 | せ [se] 세 | そ [so] 소 |

예 さす 사스 가리키다   しし 시시 사자
すし 스시 초밥   せき 세끼 좌석

| サ행 | サ [sa] 사 | シ [si] 시 | ス [su] 스 | セ [se] 세 | ソ [so] 소 |

예 システム 시스떼무 시스템   スイス 스이스 스위스
セーター 세―따― 스웨터   ソース 소―스 소스

▶ 발음 설명

우리말의 「사·시·스·세·소」와 거의 비슷하다.

주의 : す[su] : 「스」와 「수」의 중간 발음, 입술을 내밀지 말고 발음해야 한다.

た행	た	ち	つ	て	と
	[ta] 타	[chi] 치	[tsu] 츠	[te] 테	[to] 토

예 たかい　타까이　비싸다, 높다　　ちかてつ　치까떼쯔　지하철
たつ　타쯔　서다　　おとこ　오또꼬　남자

タ행	タ	チ	ツ	テ	ト
	[ta] 타	[chi] 치	[tsu] 츠	[te] 테	[to] 토

예 タイ　타이　태국　　スポーツ　스뽀-쯔　스포츠
テレビ　테레비　텔레비전　　テーマ　테-마　테마

▶ 발음 설명

우리말 「ㄷ」과 영어 「t」의 중간음 정도로 「t」에 가깝게 발음한다. 이 행도 か행과 마찬가지로 2음절 이하부터는
「ㄸ」에 가깝게 발음됨에 유의한다.

(표기는 첫음절 : '타치츠테토', 2음절 이하 : '따찌쯔떼또'로 하겠음.)

주의 : ち[chi]: 거의 「찌」에 가깝게 발음한다.

つ[tsu]: 혀끝을 잇몸에 댔다가 떼며 발음해야 한다.

일본의 문자

| な행 | な [na] 나 | に [ni] 니 | ぬ [nu] 누 | ね [ne] 네 | の [no] 노 |

예 なつ 나쯔 여름　　　　にく 니꾸 고기
　ぬし 누시 주인　　　　ねこ 네꼬 고양이

| ナ행 | ナ [na] 나 | ニ [ni] 니 | ヌ [nu] 누 | ネ [ne] 네 | ノ [no] 노 |

예 ナート 나 또 나토(북대서양 조약기구)　　　ヌード 누-도 알몸(nude)
　ネクタイ 네꾸따이 넥타이　　　　　　　　　ノート 노- 또 노트

▶ **발음 설명**

우리말의 「나·니·누·네·노」와 거의 비슷하다.

주의 : ぬ[nu] : 「느」와 「누」의 중간 발음, 입술을 내밀지 말고 발음해야 한다.

は행	は [ha] 하	ひ [hi] 히	ふ [hu] 후	へ [he] 헤	ほ [ho] 호

예 はは 하하 나의 어머니　　ひと 히또 사람
ふかい 후까이 깊다　　へそ 헤소 배꼽

ハ행	ハ [ha] 하	ヒ [hi] 히	フ [hu] 후	ヘ [he] 헤	ホ [ho] 호

예 ハート 하-또 하트　　ヒステリー 히스떼리- 히스테리
ヘアピン 헤아삥 머리핀　　ホテル 호떼루 호텔

▶ 발음 설명

우리말의 「하·히·후·헤·호」와 거의 비슷하다.

주의 : ふ[hu]: 「흐」와 「후」의 중간 발음, 입술을 내밀지 말고 발음해야 한다.

일본의 문자

| ま행 | ま [ma] 마 | み [mi] 미 | む [mu] 무 | め [me] 메 | も [mo] 모 |

예 まめ 마메 콩　　　　みみ 미미 귀
むね 무네 가슴・　　　もも 모모 복숭아

| マ행 | マ [ma] 마 | ミ [mi] 미 | ム [mu] 무 | メ [me] 메 | モ [mo] 모 |

예 マイク 마이꾸 마이크　　　ミサイル 미사이루 미사일
モスクワ 모스꾸와 모스크바　　メモ 메모 메모

▶ 발음 설명

우리말의 「마・미・무・메・모」와 거의 비슷하다.

주의 : む[mu] : 「므」와 「무」의 중간 발음, 입술을 내밀지 말고 발음해야 한다.

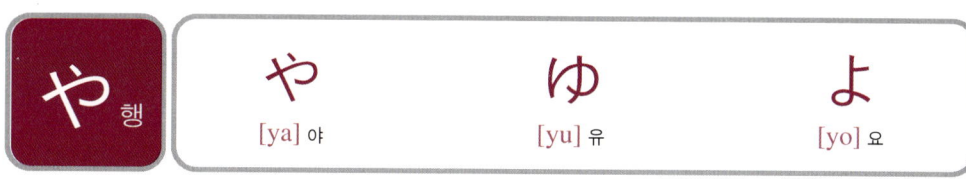

예 やま 야마 산
よやく 요야꾸 예약

ゆめ 유메 꿈
よむ 요무 읽다

예 ヤクルト 야꾸루또 요구르트
ヨット 욧또 요트

ユーモア 유-모아 유머
ユニホーム 유니호-무 유니폼

▶ 발음 설명

우리말의 「야·유·요」와 거의 비슷하다.

주의 : よ[yo] : 입술을 내밀지 말고 발음해야 한다.

일본의 문자

ら행	ら	り	る	れ	ろ
	[ra] 라	[ri] 리	[ru] 루	[re] 레	[ro] 로

예 さら 사라 접시　　　あり 아리 개미
　さる 사루 원숭이　　れきし 레끼시 역사

ラ행	ラ	リ	ル	レ	ロ
	[ra] 라	[ri] 리	[ru] 루	[re] 레	[ro] 로

예 リサイタル 리사이따루 리사이틀　　レモン 레몽 레몬
　ロシア 로시아 러시아　　レストラン 레스또랑 레스토랑

▶ 발음 설명

우리말의 「라 · 리 · 루 · 레 · 로」와 거의 비슷하다.

주의 : る[ru] : 입술을 내밀지 말고 발음해야 한다.

わ行 わ [wa] 와 を [wo] 오

예 わるい 와루이 나쁘다　　わいろ 와이로 뇌물
わかす 와까스 끓다　　わらう 와라우 웃다

ワ행 ワ [wa] 와 ヲ [wo] 오

예 ワイン 와잉 와인　　ワイフ 와이후 와이프
アンテナ 안떼나 안테나　　ワンマンバス 왐맘바스 차장이 없는 버스

▶ **발음 설명**

우리말의 「와・오」와 거의 비슷하다.

주의 : を[wo]： あ행의 「お」와 발음은 같으나 조사 「을/를」로만 쓰인다.

ん행 ん [ŋ] 응

예 さんぽ 삼뽀 산책
べんり 벤리 편리

ン행 ン [ŋ] 응

예 レンタル 렌따루 렌터, 임대
メンバー 멤바ー 멤버

▶ **발음 설명**

우리말의 「응」과 거의 비슷하다.

주의 : ん[ŋ]： 「응」과 「으」 사이의 발음으로 뒷발음의 영향에 의해 「ㅁ・ㄴ・ㅇ」 등과 같은 소리로 들린다.

일본의 문자

탁음이란?

가나(かな)에 「ﾞ」(탁점) 표시가 붙은 글자를 말하며 「か, さ, た, は」행에 붙는다. 성대를 울려 나는 소리로 우리나라에 없는 음이라 각별한 주의가 필요하다.

が_행	が	ぎ	ぐ	げ	ご	ガ_행	ガ	ギ	グ	ゲ	ゴ
	[ga]	[gi]	[gu]	[ge]	[go]		[ga]	[gi]	[gu]	[ge]	[go]

 がいこく 가이꼬꾸 외국
がくもん 가꾸몽 학문

 ガイド 가이도 가이드
ベルギー 베루기- 벨기에

ざ_행	ざ	じ	ず	ぜ	ぞ	ザ_행	ザ	ジ	ズ	ゼ	ゾ
	[za]	[zi]	[zu]	[ze]	[zo]		[za]	[zi]	[zu]	[ze]	[zo]

 すずめ 스즈메 참새
ざせき 자세끼 좌석

 ズボン 즈봉 바지
ザイル 자이루 등산용 로프

だ_행	だ	ぢ	づ	で	ど	ダ_행	ダ	ヂ	ヅ	デ	ド
	[da]	[zi]	[zu]	[de]	[do]		[da]	[zi]	[zu]	[de]	[do]

 まど 마도 창문
だれ 다레 누구

 デート 데-또 데이트
ダンス 단스 댄스, 춤

ば_행	ば	び	ぶ	べ	ぼ	バ_행	バ	ビ	ブ	ベ	ボ
	[ba]	[bi]	[bu]	[be]	[bo]		[ba]	[bi]	[bu]	[be]	[bo]

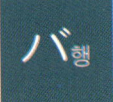 ばか 바까 바보
ぶどう 부도- 포도

ビール 비-루 맥주
ビル 비루 빌딩

반탁음이란?

가나(かな)에 「 ゜」(반탁점) 표시가 붙은 글자를 말하며 「は」행에 붙는다. 첫소리는 「파·피·푸·페·포」로 발음하고, 단어 중간이나 끝에 올 때는 「빠삐뿌뻬뽀」로 발음 표기한다.

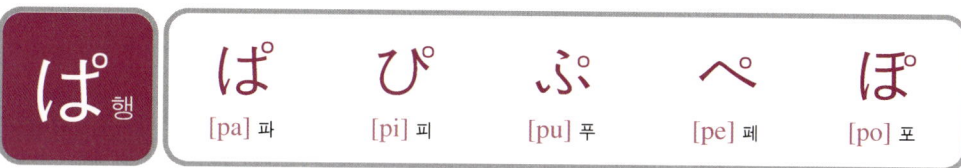

| ぱ행 | ぱ [pa] 파 | ぴ [pi] 피 | ぷ [pu] 푸 | ぺ [pe] 페 | ぽ [po] 포 |

예
- はっぱ 합빠 잎사귀
- たんぽぽ 탐뽀뽀 민들레
- ページ 페-지 페이지
- ぴかりと 피까리또 번쩍
- ぴかぴか 피까삐까 번쩍번쩍

- ぺこぺこ 페꼬뻬꼬 배가 고픈 모양
- きっぷ 킵뿌 표
- ぱくぱく 파끔빠끔 빠끔빠끔
- ぱちぱち 파찌빠찌 깜박깜박
- ぽかぽか 포까뽀까 따끈따끈

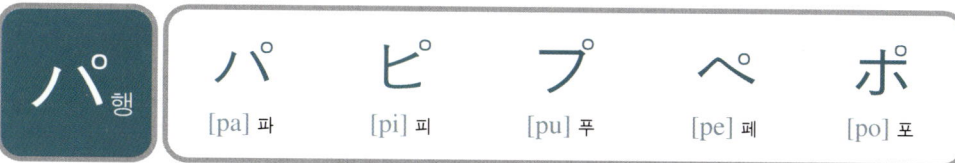

| パ행 | パ [pa] 파 | ピ [pi] 피 | プ [pu] 푸 | ペ [pe] 페 | ポ [po] 포 |

예
- ペダル 페다루 페달
- ポスト 포스또 포스트
- ポーランド 포-란도 폴란드
- スポーツ 스뽀-쯔 스포츠
- フィリピン 휘리삥 필리핀
- プール 푸-루 풀, 수영장
- ピアノ 피아노 피아노

- ピンポン 핑뽕 탁구
- コンピューター 콤뷰-따- 컴퓨터
- ヘリコプター 헤리꼬뿌따- 헬리콥터
- ペン 펭 펜
- パイプ 파이뿌 파이프
- パラソル 파라소루 파라솔
- プレー 푸레- 플레이

일본의 문자

요음이란?

자음의 「い」단 글자(き・し・ち・に・ひ・み・リ・ぎ・じ・び・ぴ)의 오른쪽 옆에 반모음 や・ゆ・よ를 작게 써서 한음절로 발음하는 것을 말한다.

きゃ kya	きゅ kyu	きょ kyo
しゃ sya	しゅ syu	しょ syo
ちゃ cha	ちゅ chu	ちょ cho
にゃ nya	にゅ nyu	にょ nyo
ひゃ hya	ひゅ hyu	ひょ hyo
みゃ mya	みゅ myu	みょ myo
りゃ rya	りゅ ryu	りょ ryo
ぎゃ gya	ぎゅ gyu	ぎょ gyo
じゃ zya	じゅ zyu	じょ zyo
びゃ bya	びゅ byu	びょ byo
ぴゃ pya	ぴゅ pyu	ぴょ pyo

キャ kya	キュ kyu	キョ kyo
シャ sya	シュ syu	ショ syo
チャ cha	チュ chu	チョ cho
ニャ nya	ニュ nyu	ニョ nyo
ヒャ hya	ヒュ hyu	ヒョ hyo
ミャ mya	ミュ myu	ミョ myo
リャ rya	リュ ryu	リョ ryo
ギャ gya	ギュ gyu	ギョ gyo
ジャ zya	ジュ zyu	ジョ zyo
ビャ bya	ビュ byu	ビョ byo
ピャ pya	ピュ pyu	ピョ pyo

おちゃ 차(녹차)
오쨔

そつぎょう 졸업
소쯔교ー

チェーン 체인
체ーㄴ

クッション 쿠션
쿳숑

촉음이란?

일본어에는 발음 시, 숨이 막힌 듯 모음을 멈추고 잠시 쉬었다 발음하는 促音(つまる音)이라는 것이 있다. 작은 「っ」로 표시하고, 뒤에 오는 자음에 따라 영향을 받아 발음되며, 받침 구실로 한 박을 가지는 것이 특징이다.

「っ」+ か, さ, た, ぱ행

1 「っ」+ か, き, く, け, こ ⇒ ㄱ받침

예
けっか	켁까	결과
こっき	콕끼	국기
しっけ	식께	습기

2 「っ」+ さ, し, す, せ, そ ⇒ ㅅ받침

예
あっさり	앗사리	깨끗이
ざっし	잣시	잡지
まっすぐ	맛스구	곧장

3 「っ」+ た, ち, つ, て, と ⇒ ㄷ받침

예
いったい	읻따이	일체
きって	킫떼	우표
おっと	옫또	남편

4 「っ」+ ぱ, ぴ, ぷ, ぺ, ぽ ⇒ ㅂ받침

예
いっぱい	입빠이	가득, 한잔
きっぷ	킵뿌	표
しっぽ	십뽀	꼬리

일본의 문자

발음이란?

일본어에는 받침이 없는 것이 보통이지만 「ん」과 「っ」가 대신해서 받침 구실을 해 준다. 「ん」의 경우는 「응」과 「으」의 중간발음이나 뒤에 오는 다른 발음에 따라 「ㄴ, ㅁ, ㅇ」 등의 음으로 발음된다. 어두에는 「ん」은 오지 않으며 한 박을 갖는 것이 특징이다. 일본인들은 우리처럼 의식적으로 구분하지 않고 자연스레 콧소리 비슷하게 「응」 발음을 하는 것이 가장 정확하다 하겠다. 굳이 구분해 보면 다음과 같다.

1 「ん」 + 「カ, が행」 ⇒ [ŋ] (ㅇ)

예			
でんき	뎅끼	전기
おんがく	옹가꾸	음악

2 「ん」 + 「ま, ば, ぱ행」 ⇒ [m] (ㅁ)

예			
うんめい	움메―	운명
しんぶん	심붕	신문

3 「ん」 + 「さ, ざ, た, だ, な, ら행」 ⇒ [n] (ㄴ)

예			
かんじ	칸지	한자
せんたく	센따꾸	세탁
げんだい	겐다이	현대
おんなのこ	온나노꼬	여자

4 「ん」 + 「あ, や, わ, さ, は행」 ⇒ [N] (ㄴ과 ㅇ의 중간음)

예			
れんあい	렝아이	연애
でんわ	뎅와	전화

장음이란?

글자 그대로 소리를 길게 발음하는 것을 말하며 한 박의 길이를 가진다. 히라가나엔 「あ, い, う, え, お」가 붙어 표기되고 가타카나엔 장음부호 「一」가 붙는다. 음성기호는 [:]이다.

1 「あ단」 → 「あ」

예			
	おかあさん	오까―상	어머니
	おばあさん	오바―상	할머니

2 「い단」 → 「い」

예			
	おじいさん	오지―상	할아버지
	ちいさい	치―사이	작다

3 「う단」 → 「う」

예			
	くうき	쿠―끼	공기
	ゆうべ	유―베	저녁

4 「え단」 → 「え」

예			
	おねえさん	오네―상	언니, 누나
	けいえい(経営)	케―에―	경영

※ 예외적으로 「え」단의 장음 중 한자음은 「い」를 붙여서 쓴다.

5 「お단」 → 「う」 (예외적으로 お를 쓰기도 함)

예			
	おとうさん	오또―상	아버지
	しょうかい	쇼―까이	소개
	おおい	오―이	많다

일본의 문자

묵음이란?

글 그대로 글자는 있되 발음이 되지 않는 소리를 말한다. 주로 「か행」 뒤에 「さ행」이 올 때 생긴다.

1 たくさん ⇒ [tak/sang] ⇒ [taksang]　　　　수량이 많음

u모음 탈락(발음되지 않음)

(타꾸상)　⇒　(탁상)

2 がくせい ⇒ [gak/se:] ⇒ [gakse:]　　　　학생

u모음 탈락

(가꾸세ー)　⇒　(각세ー)

조사란?

일본어 표기상 발음나는 대로 쓰자는 현대철자법(げんだいかなづかい)의 예외적 경우이다.

1 [わ] → 「は」로 표기한다.

예　　わたしは　　　　　　와따시와　　　　나는
　　　あなたは　　　　　　아나따와　　　　당신은

2 [え] → 「へ」로 표기한다.

예　　^{がっこう}学校へ ^い行きます。　　각꼬ー에 이끼마스　　학교에 갑니다.

3 [お] → 「を」로 표기하며 조사로만 쓰인다.

예　　^{ほん}本を ^よ読む。　　홍오 요무　　책을 읽다.

26

• 동사

見(み)る	보다	やる	주다	呼(よ)ぶ	부르다
聞(き)く	듣다	もらう	받다	知(し)る	알다
来(く)る	오다	書(か)く	쓰다	借(か)りる	빌리다
言(い)う	말하다	誘(さそ)う	권하다	着(き)る	입다
食(た)べる	먹다	ことわる	거절하다	持(も)つ	들다
行(い)く	가다	飲(の)む	마시다	習(なら)う	배우다
出(だ)す	내다	待(ま)つ	기다리다	休(やす)む	쉬다

• い형용사

おいしい	맛있다	早(はや)い	빠르다	高(たか)い	비싸다
まずい	맛없다	遅(おそ)い	느리다	安(やす)い	싸다
遠(とお)い	멀다	長(なが)い	길다	多(おお)い	많다
近(ちか)い	가깝다	短(みじか)い	짧다	少(すく)ない	적다

• な형용사

きれいだ	깨끗하다	下手(へた)だ	서투르다	まじめだ	성실하다
好(す)きだ	좋아하다	静(しず)かだ	조용하다	けっこうだ	괜찮다
嫌(きら)いだ	싫어하다	じみだ	수수하다	同(おな)じだ	같다
はでだ	화려하다	さわやかだ	상쾌하다	元気(げんき)だ	건강하다

UNIT 01

おはようございます。
안녕하십니까?

- ■ 인사
- ■ 감사 / 사과
- ■ 소개
- ■ 예 / 아니오

필수 표현 01

〉〉〉 **인사**

おはようございます。
안녕하세요? / 안녕하십니까?

さようなら。
안녕히 가세요.(안녕히 계세요.)

---

1. おはようございます。

おはよう(안녕? / 잘 잤니?)에 정중표현 ございます가 결합된 형태입니다. おはよう는 절친한 사이나 손아랫사람에게 쓸 수 있는 표현이므로 일반적으로 **おはようございます**를 쓰는 것이 좋습니다. 단, 일본어는 아침, 점심, 저녁에 하는 인사말이 다르므로 주의해서 사용해야 합니다.

- 아침인사　おはようございます。　　　　안녕하세요?

- 낮인사　　こんにちは。　　　　　　　안녕하세요?

- 밤인사　　こんばんは。　　　　　　　안녕하세요?

2. さようなら。

さようなら는 헤어질 때 하는 인사말입니다. 오랜 이별, 혹은 완전한 결별의 뉘앙스를 담고 있어서 실제로 많이 쓰지는 않습니다. 헤어질 때 하는 인사말도 여러 가지가 있습니다. 상황과 상대에 맞는 적당한 표현을 센스있게 사용해 봅시다.

- 보통 표현　　・では、また。　　　　　그럼 또.

　　　　　　　・では、ここで。　　　　그럼 여기서.

　　　　　　　・また あした。　　　　　내일 또.

- 정중한 표현　・おやすみなさい。　　　안녕히 주무세요. / 편히 쉬세요. / 안녕히 가세요.

　　　　　　　・しつれいします。　　　실례합니다. / 안녕히 계십시오.

　　　　　　　・さようなら。　　　　　안녕히 가세요. / 안녕히 계세요.

30

>>> 감사 / 사과

ありがとうございます。
감사합니다.

すみません。
죄송합니다.

1. ありがとうございます。

고마움을 표현할 때 쓰는 정중한 인사말입니다. 친한 친구 사이나 손아랫사람에게는 그냥 ありがとう
(고마워)만 해도 좋습니다. 고마운 마음을 강조하고 싶을 때는 앞에 どうも(정말)를 붙여 どうも あり
がとうございます。(정말 감사합니다.)라고 합니다.
대응하는 말은 일반적으로 どういたしまして。(천만에요.)를 씁니다.

A どうも ありがとうございます。 　　　　　정말로 감사합니다.

B どういたしまして。 　　　　　천만에요.

2. すみません。

일본인들은 감사나 사과의 표현을 입에 달고 살기 때문에 함께 생활하다 보면 ありがとうございます。
(감사합니다)나 すみません。(죄송합니다)을 수없이 듣게 됩니다. すみません。의 정중한 표현으로는 申
(もう)し訳(わけ)ありません。(죄송합니다)이 있습니다. すみません은 '실례합니다', '감사합니다' 의
의미로도 자주 사용됩니다.

■ 사과 표현　　・すみません。 　　　　　죄송합니다.

　　　　　　　　・申し訳ありません。 　　　　　죄송합니다.

　　　　　　　　・しつれいしました。 　　　　　실례했습니다.

>>> 소개

はじめまして。
처음 뵙겠습니다.

こちらこそ どうぞ よろしく。
저야말로 잘 부탁합니다.

1. はじめまして。

처음 만났을 때 하는 인사말로 はじめてお目(め)にかかります。(처음 뵙겠습니다)라고 하기도 하지만 일반적으로는 はじめまして。(처음 뵙겠습니다)를 많이 씁니다. 처음 만난 상대에게 자신을 소개할 때는 わたしは 金(キム)と 申(もう)します。(저는 김이라고 합니다)라는 표현을 씁니다.

A はじめて お目に かかります。 처음 뵙겠습니다.

B はじめまして。 私は 金と 申します。 처음 뵙겠습니다. 저는 김이라고 합니다.

2. こちらこそ どうぞ よろしく。

처음 만난 상대방이 どうぞよろしく。(잘 부탁합니다)라는 인사말을 했을 때 대응하는 말로 가장 일반적인 표현입니다. 앞으로 잘 지내자는 인사말로는 どうぞよろしく お願(ねが)いします。(잘 부탁드립니다)라고도 하지만 대체로 お願(ねが)いします를 생략하고 どうぞよろしく。(잘 부탁합니다)를 씁니다.

A はじめまして。 どうぞ よろしく お願いします。 처음 뵙겠습니다. 잘 부탁드립니다.

B こちらこそ どうぞよろしく。 저야말로 잘 부탁합니다.

>>> 예 / 아니오

はい、そうです。
예, 그렇습니다.

いいえ、そうでは ありません。
아니오, 그렇지 않습니다.

1. はい、そうです。

はいは 우리말의 '예'에 해당하는 것으로 긍정·승낙 등의 뜻을 나타낼 때 사용합니다. 지시나 부름에 답할 때에는 일반적으로 はい만 씁니다. (정중하게 대답한다고 해서 はい はい와 같이 두 번 대답하는 일이 없도록 합시다. '알았어! 알았다니까' 라는 식의 뜻이 되기도 합니다.) そうです는 상대편의 말에 긍정·놀라움·반신반의·감동 등을 나타내는 어구로 주로 사용됩니다.

A あなたは 李さんですか。　　　　당신은 이씨입니까?

B はい、そうです。　　　　　　　예, 그렇습니다.

2. いいえ、そうでは ありません。

いいえ는 우리말의 '아니오'에 해당하는 것으로 부정·반대 등의 뜻을 나타낼 때 사용합니다. はい와 상대되는 표현입니다. そうでは ありません은 そうです의 상반되는 표현으로 상대편의 말을 부정할 때 사용하는 어구입니다.

A あなたは 田中さんですか。　　　당신은 다나카 씨입니까?

B いいえ、そうでは ありません。　아니오, 그렇지 않습니다.

 track 02

1

李　おはようございます、金さん。

金　李さん、ひさしぶりですね。

李　はい、そうです。お変わりありませんか。

金　おかげさまで　元気です。

이　안녕하세요? 김 선생님.
김　이 선생님, 오래간만이군요.
이　정말 그렇군요, 별일 없으셨어요?
김　덕분에 잘 지냅니다.

■ ～さん　～씨, ～님(さん보다 정중한 표현으로 さま를 쓰기도 한다.)
■ ひさしぶり　오래간만임, 오랜만임
■ ～です　～입니다(だ(~이다)의 공손한 말씨이다.)
■ ～ね　체언·용언에 붙어서 존경·공손·친밀의 뜻을 나타내는 접미어이다.
■ 変(か)わり　변화, 별고, 차이
■ おかげさまで　덕택에, 덕분에
■ 元気(げんき)　원기, 기력, 건강, 활력이 넘침

2

金　はじめまして。私は　金と　申します。

　　どうぞ　よろしく。

田中　こちらこそ　どうぞ　よろしく　お願いします。

金　これは　私の　名刺です。どうぞ。

田中　ありがとうございます。

金　どういたしまして。

김　　　처음 뵙겠습니다. 저는 김(다현)이라고 합니다. 잘 부탁합니다.
다나카　저야말로 잘 부탁드립니다.
김　　　여기 제 명함입니다.
다나카　감사합니다.
김　　　천만에요.

- 私(わたし)　나, 저(1인칭 대명사)
- ～は　～은, ～는(は의 발음은 '하' 이지만 조사로 쓰일 경우에는 '와' 로 읽는다.)
- ～と　申(もう)します　～라고 합니다
- どうぞ　아무쪼록, 부디, 제발
- こちらこそ　저야말로, 이쪽이야말로
- ～の　①～의 ②～의 것 ③～인 ④～에 관한 (여기서는 ①의 뜻)
- 名刺(めいし)　명함
- どういたしまして　천만에요

彼女は 会社員です。
그녀는 회사원입니다.

彼は 学生ですか。
그는 학생입니까?

단어 노트

- 彼女(かのじょ) 그녀
- 会社員(かいしゃいん) 회사원
- 彼(かれ) 그, 그 남자
- 学生(がくせい) 학생
- これ 이것
- ~が ~가, 이
- 妹(いもうと) 여동생
- ここ 이곳, 여기
- 教室(きょうしつ) 교실
- 画家(がか) 화가
- それ 그것, 그 일
- 机(つくえ) 책상

◉ **です** ~입니다

체언 등에 붙어서 '~입니다'를 뜻하는 단정의 조동사로, だ(~이다)의 공손한 말씨입니다.

▶ これが 私の 妹です。　　　이 애가 제 여동생입니다. (정중체)

　これが 私の 妹だ。　　　이 애가 내 여동생이다. (보통체)

▶ ここは 教室です。　　　여기는 교실입니다. (정중체)

　ここは 教室だ。　　　여기는 교실이다. (보통체)

◉ **ですか** ~입니까

です의 끝에 의문형을 만드는 조사 か를 붙이면 '~입니까?'라는 의문문이 만들어집니다.

▶ 山田さんは 画家ですか。　　　야마다 씨는 화가입니까? (의문문)

　山田さんは 画家です。　　　야마다 씨는 화가입니다. (평서문)

▶ それは 机ですか。　　　그것은 책상입니까? (의문문)

　それは 机です。　　　그것은 책상입니다. (평서문)

わたし　かしゅ
私は 歌手では ありません。
나는 가수가 아닙니다.

かれ
彼は タレントでは ありませんか。
그는 탤런트가 아닙니까?

● **では ありません** ~이 / 가 아닙니다

~です(~입니다)의 부정형으로 ~では ない(~이 / 가 아니다)의 정중형입니다. 회화체에서는 じゃ ありません으로 자주 씁니다.

▶ それは いす**では ありません**。　　그것은 의자가 아닙니다. (정중체)

それは いす**じゃ ありません**。　　그것은 의자가 아닙니다. (정중형의 회화체)

▶ それは いす**では ない**。　　그것은 의자가 아니다. (보통체)

それは いす**じゃ ない**。　　그것은 의자가 아니다. (보통형의 회화체)

● **では ありませんか** ~이 / 가 아닙니까?

~では ありません에 의문조사 か를 붙이면 '~이 / 가 아닙니까?'라는 의문문이 만들어집니다. 회화체에서는 じゃ ありませんか로 자주 씁니다.

▶ これは 電話**では ありませんか**。　　이것은 전화가 아닙니까? (의문문)

これは 電話**じゃ ありませんか**。　　이것은 전화가 아닙니까? (회화체)

▶ これは 電話**では ありません**。　　이것은 전화가 아닙니다. (평서문)

これは 電話**じゃ ありません**。　　이것은 전화가 아닙니다. (회화체)

문형 연습

1

彼女(かのじょ)は 会社員(かいしゃいん)です。
그녀는 회사원입니다.

彼(かれ)は 学生(がくせい)ですか。
그는 학생입니까?

1. ～は ～です   ～은 / 는 ～입니다

❶ 医者(いしゃ)　의사　　　　　　❷ 警察官(けいさつかん)　경찰관
❸ 弁護士(べんごし)　변호사

2. ～は ～ですか   ～은 / 는 ～입니까?

❶ 軍人(ぐんじん)　군인　　　　　　❷ 教授(きょうじゅ)　교수
❸ 銀行員(ぎんこういん)　은행원

2

私(わたし)は 歌手(かしゅ)では ありません。
나는 가수가 아닙니다.

彼(かれ)は タレントでは ありませんか。
그는 탤런트가 아닙니까?

1. ～は ～では ありません   ～은 / 는 ～아닙니다.

❶ 大学生(だいがくせい)　대학생　　　❷ 会計士(かいけいし)　회계사
❸ 部長(ぶちょう)　부장

2. ～は ～では ありませんか   ～은 / 는 ～아닙니까?

❶ 映画俳優(えいがはいゆう)　영화배우　❷ 音楽家(おんがくか)　음악가
❸ 芸術家(げいじゅつか)　예술가

1 다음 문장을 해석하세요.

(1) ひさしぶりですね。

➡ _____

(2) おかげさまで 元気（げんき）です。

➡ _____

2 다음을 일본어로 쓰세요.

(1) 아침인사 : 안녕하세요?

➡ _____

(2) 낮인사 : 안녕하세요?

➡ _____

3 다음 문장을 부정어로 바꾸세요.

(1) 彼女（かのじょ）は 医者（いしゃ）です。

➡ _____

(2) 彼（かれ）は 映画俳優（えいがはいゆう）ですか。

➡ _____

1 (1) 오래간만이군요.　　　　(2) 덕분에 건강합니다.

2 (1) おはようございます。　　(2) こんにちは。

3 (1) 彼女（かのじょ）は 医者（いしゃ）では ありません。 / 彼女は 医者じゃ ありません。

(2) 彼（かれ）は 映画俳優（えいがはいゆう）では ありませんか。 / 彼は 映画俳優じゃ ありませんか。

UNIT 02

これは 何ですか。
이것은 무엇입니까?

- 지시대명사
- 인칭대명사
- 수사
- 조수사

>>> **지시대명사**

これは何^{なん}ですか。
이것은 무엇입니까?

ソウル駅^{えき}は どこに ありますか。
서울역은 어디에 있습니까?

あちらに ビルが ありますね。
저쪽에 빌딩이 있군요.

필수표현 01

1. これは何ですか。

これ(이것)는 가까운 거리에 위치한 사물을 지칭할 때 쓰는 지시대명사입니다. 우리말의 '이·그·저·어느'에 해당하는 일본어는 こ·そ·あ·ど가 있는데 다양하게 활용됩니다.

사물	근칭	중칭	원칭	부정칭
	これ 이것	それ 그것	あれ 저것	どれ 어느 것

2. ソウル駅は どこに ありますか。

どこ(어디)는 모르는 장소를 지칭할 때 쓰는 지시대명사입니다. 원칭 지시대명사인 あそこ(저기)가 다른 것과 형태가 다름에 유의합시다.

장소	근칭	중칭	원칭	부정칭
	ここ 여기	そこ 거기	あそこ 저기	どこ 어디

3. あちらに ビルが ありますね。

あちら(저쪽)은 먼 방향을 지칭할 때 쓰는 지시대명사입니다. 사람을 소개할 때에도 쓰입니다.

방향	근칭	중칭	원칭	부정칭
	こちら 이쪽	そちら 그쪽	あちら 저쪽	どちら 어느 쪽

>>> 인칭대명사

私_{わたし}は あなたが 好_すきです。

나는 당신을 좋아합니다.

そのひとは まだ 独身_{どくしん}ですか。

그 사람은 아직 미혼입니까?

あのかたは どなたですか。

저 분은 누구십니까?

1. 私は あなたが 好きです。

'나 / 저'의 뜻을 가진 1인칭 대명사, '당신 / 자네 / 너'의 뜻을 가진 2인칭 대명사를 알아봅시다.

1인칭 대명사	わたし	あたし 여성어	ぼく 남성어	おれ 남성어
2인칭 대명사	あなた	きみ	おまえ	きさま

2. そのひとは まだ 独身ですか。

そのひと(그 사람)는 좀 떨어진 사람을 지칭할 때 쓰는 3인칭 대명사입니다. 3인칭 대명사는 연체사 (체언을 수식하는 말) この · その · あの · どの와 함께 다양하게 표현할 수 있습니다.

3인칭 대명사	근칭	중칭	원칭	부정칭	의문형
	このひと 이 사람	そのひと 그 사람	あのひと 저 사람	どのひと 어떤 사람	だれ 누구

3. あのかたは どなたですか。

あのかた(저 분)는 あのひと(저 사람)의 정중형입니다. どなた(어느 분) 역시 だれ(누구)의 존칭형입니다. 정중한 표현을 할 때 쓸 수 있는 3인칭 대명사를 정리하면 다음과 같습니다.

3인칭 대명사	근칭	중칭	원칭	부정칭	3인칭 남자	3인칭 여자	의문형
	このかた 이 분	そのかた 그 분	あのかた 저 분	どのかた 어느 분	彼 그 / 남자친구	彼女 그녀 / 여자친구	どなた 어느 분

>>> 수사

ひとつ いくらですか。
하나에 얼마입니까?

<ruby>三万<rt>さんまん</rt></ruby>ウォンです。
3만 원입니다.

1. ひとつ いくらですか。

一(ひと)つ(하나), 二(ふた)つ(둘), 三(み)っつ(셋)…으로 세는 '고유수사'와 いち(일), に(이), さん(삼)…으로 세는 '한자수사'가 있습니다. 10을 넘는 경우에는 고유수사를 쓰지 않습니다.

고유수사

하나	둘	셋	넷	다섯	여섯	일곱	여덟	아홉	열
ひとつ	ふたつ	みっつ	よっつ	いつつ	むっつ	ななつ	やっつ	ここのつ	とお

한자수사

일	이	삼	사	오	육	칠	팔	구	십
いち	に	さん	し・よん	ご	ろく	しち・なな	はち	きゅう・く	じゅう

2. 三万ウォンです。

여러 단위의 숫자를 익혀 실생활에 활용해 봅시다.

11	12	13	14	15
じゅういち	じゅうに	じゅうさん	じゅうよん	じゅうご
16	17	18	19	20
じゅうろく	じゅうしち	じゅうはち	じゅうきゅう	にじゅう
10	20	30	40	50
じゅう	にじゅう	さんじゅう	よんじゅう	ごじゅう
60	70	80	90	100
ろくじゅう	ななじゅう	はちじゅう	きゅうじゅう	ひゃく

>>> 조수사

さんにん
三人 います。
세 명 있습니다.

ごさつ　　にまんえん
五冊で 二万円です。
다섯 권에 2만 엔입니다.

1. 三人 います。

人(にん)(~명)은 '한 사람, 두 사람……' 이렇게 사람을 셀 때 사용하는 조수사입니다. 세는 대상에 따라 다양한 조수사를 활용할 수 있습니다.

동물이나 사람을 셀 때 쓰는 조수사

- 人(にん) : 사람(사람을 셀 때)
  - 예 ひとり(한 명), ふたり(두 명), さんにん(세 명), ななにん / しちにん(일곱 명),…… なんにん(몇 명)
- 匹(ひき) : 마리(작은 동물이나 물고기 등을 셀 때)
  - 예 いっぴき(한 마리), にひき(두 마리), さんびき(세 마리), はっぴき(여덟 마리),…… なんびき(몇 마리)
- 頭(とう) : 마리(소, 말 등 큰 동물을 셀 때)
  - 예 いっとう(한 마리), にとう(두 마리), さんとう(세 마리), ろくとう(여섯 마리),…… なんとう(몇 마리)

2. 五冊で 二万円です。

さつ(~권)는 책, 노트 등을 셀 때 사용하는 조수사입니다. で는 수량을 나타내는 명사에 접속하여 '~에'라는 뜻으로 쓰이는데, 두 개 이상일 때에만 쓰이는 점에 유의해야 합니다.

물건을 셀 때 쓰는 조수사

- 枚(まい) : 장 (종이, 접시, 지폐 등을 셀 때)
  - 예 いちまい(한 장), にまい(두 장), さんまい(세 장),…… なんまい(몇 장)
- 本(ほん) : 자루 (연필, 우산 등을 셀 때) / 병
  - 예 いっぽん(한 자루), にほん(두 자루), さんぼん(세 자루),…… なんぼん(몇 자루 / 몇 병)
- 冊(さつ) : 권 (책, 노트 등을 셀 때)
  - 예 いっさつ(한 권), にさつ(두 권), さんさつ(세 권),…… なんさつ(몇 권)
- 階(かい) : 층 (건물의 층을 셀 때)
  - 예 いっかい(일 층), にかい(이 층), さんがい(삼 층),…… なんがい(몇 층)

 track 06

1

李　その イシモチは 一匹（いっぴき） いくらですか。

山田　一万（いちまん）ウォンです。

李　では、六匹（ろっぴき） ください。

山田　はい、六匹（ろっぴき）で 六万（ろくまん）ウォンです。

이　　 그 조기 한 마리에 얼마입니까?
야마다　만 원입니다.
이　　 그럼, 여섯 마리 주십시오.
야마다　예, 여섯 마리에 6만 원입니다.

단 어

- **イシモチ**　조기(생선의 이름)
- **その**　그(명사를 꾸며 주는 연체사이며, この(이), あの(저), どの(어느)도 함께 익혀둔다.)
- **一匹(いっぴき)**　한 마리
- **いくらですか**　얼마입니까?
- **一万(いちまん)**　만(우리말로는 '일만'이라고 할 필요가 없지만 일본어로는 꼭 いちまん으로 표기해야 한다.)
- **ウォン**　원(한국 화폐 단위, '원'은 외래어이프로 가타카나로 표기했다.)
- **六匹(ろっぴき)**　여섯 마리(발음에 주의한다.)
- **ください**　주십시오, 주세요(정중한 부탁이나 명령을 표현할 때 쓴다.)
- **～で**　① ～으로(수단, 방법) ② ～때문에(원인, 이유) ③ ～에서(장소) ④ ～에(시간, 값, 수량)

2

李　八百屋は　どこに　ありますか。

山田　それは　あちらに　あります。

李　　はい、どうも　ありがとうございます。

店員　いらっしゃいませ。何を　お探しですか。

이	야채가게는 어디에 있습니까?
야마다	그것은 저쪽에 있습니다.
이	예, 정말 감사합니다.
점원	어서 오세요. 뭘 찾으세요?

- 八百屋(やおや)　야채가게
- ありますか　있습니까?
- どうも　정말, 진심으로
- 何(なに・なん)　무엇, 몇(何는 なに / なん으로 발음된다. 뒤에 't·d·n'의 음이 오면 なん으로 발음된다.)
- お探(さが)しですか　찾으십니까(探(さが)する '찾다' 라는 뜻이다. 여기에 お + 동사의 ます형 + です의 형태로 정중체가 된다.)
- どこに　어디에
- あちらに　저쪽에
- いらっしゃいませ　어서오세요

47

ここに 携帯でんわが あります。
여기에 휴대폰이 있습니다.

あそこに 私の 恋人が います。
저기에 제 애인이 있습니다.

단어 노트

- ここに 여기에
- 携帯(けいたい)でんわ 휴대폰
- あそこに 저기에
- 恋人(こいびと) 애인
- テーブル 테이블
- 上(うえ) 위
- ノートブック 노트북
- ~が ~가, 이(주격조사)
- バス停(てい) 버스정류장
- どこ 어디
- 主人(しゅじん) 남편
- ~と ~과, 와
- 子供(こども) 아이, 자녀
- 教室(きょうしつ) 교실
- 学生(がくせい) 학생
- 庭(にわ) 마당, 정원
- 犬(いぬ) 개

◉ **あります** 있습니다 (사물·무생물)

① 존재를 나타내는 ある(있다) 동사에 정중형을 만드는 조동사 ます가 붙어 あります(있습니다)가 되었습니다. 의문형은 ありますか, 부정형은 ありません입니다. あります는 움직임이 없는 사물이나 무생물에만 쓰이는 동사입니다.

▶ テーブルの 上に ノートブックが あります。
테이블 위에 노트북이 있습니다.

バス停は どこに ありますか。
버스정류장은 어디에 있습니까?

② 존재나 소유를 강조할 경우에는 사람이나 동물일지라도 あります를 쓸 수 있습니다.

▶ 私は 主人と 子供が あります。
나는 남편과 아이가 있습니다.

◉ **います** 있습니다 (사람·동물)

존재를 나타내는 いる(있다) 동사에 정중형을 만드는 조동사 ます가 붙어 います(있습니다)가 되었습니다. 의문형은 いますか이고 부정형은 いません입니다. います는 움직임이 있는 사람이나 동물에만 쓰이는 동사입니다.

▶ 教室に 学生が います。
교실에 학생이 있습니다.

庭に 犬が います。
마당에 개가 있습니다.

ぜんぶで いくらですか。
전부해서 얼마입니까?

あの 運動靴を ください。
저 운동화를 주십시오.

- ぜんぶ 전부
- あの 저(연체사로 명사를 수식한다.)
- 運動靴(うんどうぐつ) 운동화
- 六匹(ろっぴき) 여섯 마리
- 一匹(いっぴき) 한 마리
- 二台(にだい) 두 대
- 五万円(ごまんえん) 오만 엔
- 車(くるま) 차
- 行(い)く 가다
- えんぴつ 연필
- 書(か)く 쓰다
- 家(いえ) 집
- 勉強(べんきょう)する 공부하다
- この 이
- カバン 가방
- ビール 맥주
- 二本(にほん) 두 병

● で ~에 / 해서

① 수량을 나타내는 명사와 접속하여 '~에' 라는 뜻을 나타내는 조사입니다. 단, 두 개 이상일 경우에만 사용합니다.

▶ 六匹で いくらですか。　　　여섯 마리에 얼마입니까?

二台で 五万円です。　　　두 대에 오만 엔입니다.

비교 一匹 いくらですか。　　　한 마리에 얼마입니까?

② ~로 / ~으로 : 방법·수단을 나타내는 조사입니다.

▶ 車で 行く。　　　자동차로 가다.

えんぴつで 書く。　　　연필로 쓰다.

③ ~에서 : 장소를 나타내는 조사입니다.

▶ 家で 勉強する。　　　집에서 공부하다.

● ~を ください ~을(를) 주세요

앞에 명사만 오면 되므로 활용하기 쉽습니다. 정중한 부탁이나 명령을 할 때 씁니다. 회화체에서는 조사 を가 생략되는 경우가 많습니다.

▶ この カバンを ください。　　　이 가방을 주세요.

ビールを 二本 ください。　　　맥주를 두 병 주세요.

문형 연습

1

ここに 携帯<ruby>けいたい</ruby>でんわが あります。
여기에 휴대폰이 있습니다.

あそこに 私<ruby>わたし</ruby>の 恋人<ruby>こいびと</ruby>が います。
저기에 내 애인이 있습니다.

1. 〜が あります 〜이·가 있습니다(식물 / 사물)

❶ ばらの花(はな)　장미꽃　　　❷ 靴(くつ)　구두

❸ 船(ふね)　배

2. 〜が います 〜이·가 있습니다(동물 / 사람)

❶ 馬(うま)　말　　　❷ 弟子(でし)　제자

❸ 父(ちち)　아버지

2

ぜんぶで いくらですか。
전부에 얼마입니까?

あの 運動靴<ruby>うんどうぐつ</ruby>を ください。
저 운동화를 주세요.

1. 〜で いくらですか 〜에 얼마입니까?

❶ きゅうまい　아홉 장　　　❷ さんぼん　세 병

❸ ろくそく　여섯 켤레

2. 〜を ください 〜을 주세요

❶ 鍵(かぎ)　열쇠　　　❷ 指輪(ゆびわ)　반지

❸ キャンディー　캔디(사탕)

1 다음 두 문장의 차이점을 비교하세요.

(1) A. 部屋に だれが いますか。

    B. 部屋に なにが ありますか。

  ➡ _____

(2) A. これは 本では ありません。

    B. ここに 本が ありません。

  ➡ _____

2 다음을 일본어로 쓰세요.

(1) 저것은 무엇입니까?

  ➡ _____

(2) 저 분은 나의 선생님입니다.

  ➡ _____

(3) 우산 한 자루 주세요.

  ➡ _____

(4) 세 잔에 오천 원입니다.

  ➡ _____

♥ 部屋(へや) 방 | 本(ほん) 책 | 傘(かさ) 우산 | 一本(いっぽん) 한 자루, 한 개 | 三杯(さんばい) 세 잔

1 (1) 'A 방에 누가 있습니까?'와 'B 방에 무엇이 있습니까?' 이다. (います와 あります의 차이점을 구별하는 문제)
    (2) 'A 이것은 책이 아닙니다.'와 'B 여기에 책이 없습니다.' 입니다. ('~아닙니다'와 '~없습니다'의 ありません을 구분하는 문제)

2 (1) あれは 何(なん)ですか。   (2) あのかたは 私(わたし)の 先生(せんせい)です。
    (3) 傘(かさ)を 一本(いっぽん) ください。   (4) 三杯(さんばい)で 五千(ごせん)ウォンです。

UNIT 03

今、何時ですか。
지금 몇 시입니까?

- 때
- 시간
- 날짜
- 요일

>>> 때

필수
표현
01

おとといの 事でした。
그저께 일이었습니다.

今は 秋です。
지금은 가을입니다.

今年は とても 寒いでしょう。
올해는 매우 춥지요.

1. おとといの 事でした。

과거, 현재, 미래와 관련된 시점 표현을 익혀 둡시다.

과거		현재	미래	
一昨日 그저께 おととい	昨日 어제 きのう	今日 오늘 きょう	明日 내일 あした	明後日 모레 あさって

2. 今は 秋です。

하루에도 여러 시점이 존재합니다. 하루의 특정 시점을 가리키는 말과 계절 표현을 배워 봅시다.

■ 하루 중의 여러 시점 표현

朝(あさ) 아침	昼(ひる) 점심	晩(ばん) 저녁	夜(よる) 밤
午前(ごぜん) 오전		午後(ごご) 오후	

■ 계절 표현

春(はる) 봄	夏(なつ) 여름	秋(あき) 가을	冬(ふゆ) 겨울

3. 今年は とても 寒いでしょう。

해(年)와 관련된 시점 표현을 익혀봅시다.

과거		현재	미래	
昨年 재작년 おととし	去年 작년 きょねん	今年 금년 ことし	来年 내년 らいねん	再来年 내후년 さらいねん

>>> 시간

今、何時ですか。
지금 몇 시입니까?

ちょうど 3時です。
정각 3시입니다.

1. 今、何時ですか。

時(じ) · 分(ふん) · 秒(びょう) 읽고 쓰는 법을 알아 둡시다. 원래 '1분'은 いちふん이 되어야 하지만, いっぷん으로 변하게 되었습니다. 그 외, 발음하기 어려운 숫자는 '3 · 4 · 6 · 8 · 10'입니다. 또, 7은 주로 なな로 읽지만, 시간(7시)과 월(7월)에서는 반드시 しち가 되므로 유의합시다.

■ 時(じ)

1시	いちじ	2시	にじ	3시	さんじ
4시	よじ	5시	ごじ	6시	ろくじ
7시	しちじ	8시	はちじ	9시	くじ
10시	じゅうじ	11시	じゅういちじ	12시	じゅうにじ

■ 分(ふん)

1분	いっぷん	2분	にふん	3분	さんぷん
4분	よんぷん	5분	ごふん	6분	ろっぷん
7분	しちふん · ななふん	8분	はちふん · はっぷん	9분	きゅうふん
10분	じゅっぷん · じっぷん	몇 분	なんぷん		

2. ちょうど 3時です。

시간을 묻는 말에 대답하는 여러 유형을 익혀 둡시다.

▶ 4時(よじ) 25分(にじゅうごふん) です。　　　　4시 25분입니다.
　 2時(にじ) 半(はん) です。　　　　　　　　　2시 반입니다.
　 8時(はちじ) 7分(しちふん) 前(まえ) です。　　8시 7분 전입니다.
　 6時(ろくじ) 過(す) ぎです。　　　　　　　　6시 지났습니다.

>>> **날짜**

<ruby>何月<rt>なんがつ</rt></ruby> ですか。
몇 월입니까?

<ruby>何日<rt>なんにち</rt></ruby> ですか。
며칠입니까?

1. 何月ですか。

날짜를 묻고 대답하는 기본 표현을 자유롭게 하기 위하여 12달을 읽고 쓰는 법을 배워 봅시다.

1월	2월	3월	4월	5월	6월
いちがつ	にがつ	さんがつ	しがつ	ごがつ	ろくがつ
7월	8월	9월	10월	11월	12월
しちがつ	はちがつ	くがつ	じゅうがつ	じゅういちがつ	じゅうにがつ

2. 何日ですか。

1일부터 31일까지 읽고 쓰는 법을 익혀 둡시다. 10일까지는 고유어가 쓰이는 것에 유의하고, 특히 14일 · 20일 · 24일은 특별하게 읽히므로 주의하여 알아 둡시다.

1일	ついたち	11일	じゅういちにち	21일	にじゅういちにち
2일	ふつか	12일	じゅうににち	22일	にじゅうににち
3일	みっか	13일	じゅうさんにち	23일	にじゅうさんにち
4일	よっか	14일	じゅうよっか	24일	にじゅうよっか
5일	いつか	15일	じゅうごにち	25일	にじゅうごにち
6일	むいか	16일	じゅうろくにち	26일	にじゅうろくにち
7일	なのか	17일	じゅうしちにち	27일	にじゅうしちにち
8일	ようか	18일	じゅうはちにち	28일	にじゅうはちにち
9일	ここのか	19일	じゅうくにち	29일	にじゅうくにち
10일	とおか	20일	はつか	30일	さんじゅうにち
				31일	さんじゅういちにち

>>> 요일

_{せんきゅうひゃくはちじゅういちねん} _{きょう} _{なんようび}
1981年の 今日は 何曜日でしたか。
1981년 오늘은 무슨 요일입니까?

_{すいようび}
水曜日 でした。
수요일이었습니다.

---

1. 1981年の 今日は 何曜日でしたか。

2과에서 배운 수사와 년·월·일 표현 등을 잘 익혀야 가능한 표현들입니다.

■ 연도의 일본어 표기

2000년	にせんねん	2010년	にせんじゅうねん
2005년	にせんごねん	2011년	にせんじゅういちねん
2006년	にせんろくねん	2012년	にせんじゅうにねん
2007년	にせんしちねん	2013년	にせんじゅうさんねん
2008년	にせんはちねん	2020년	にせんにじゅうねん
2009년	にせんきゅうねん	몇 년	何年(なんねん)

2. 水曜日でした。

요일을 묻고 대답하는 기본 표현을 잘 익혀 둡시다.

월요일	화요일	수요일	목요일	금요일	토요일	일요일
げつようび	かようび	すいようび	もくようび	きんようび	どようび	にちようび

_{なんようび}
A きのうは 何曜日でしたか。　　어제는 무슨 요일이었습니까?

_{かようび}
B きのうは 火曜日でした。　　어제는 화요일이었습니다.

생생 토크

1

朴　こんばんは、木村さん。

木村　朴さん、しばらくですね。

朴　ええ、ほんとうに しばらくですね。

　　おでかけですか。

木村　ええ、妹の 誕生日の プレゼントを 買いに 行くんです。

박	안녕하세요. 기무라 씨.
기무라	박 선생님, 오래간만이군요.
박	예, 정말로 오랜만이군요.
	어디 외출하세요?
기무라	예, 여동생 생일 선물을 사러 갑니다.

 단 어

- こんばんは　안녕하세요(저녁에 하는 인사말)
- ほんとうに　정말로
- 妹(いもうと)　(자신의) 여동생
- プレゼント　선물
- しばらく　오래간만임
- おでかけ　외출, 나가심
- 誕生日(たんじょうび)　생일
- 買(か)いに 行(い)く　사러 가다

58

2

朴　妹さんの 誕生日は いつですか。

木村　1月 12日です。

　　　誕生日パーティーを する つもりですけど。

朴　何時からですか。

木村　午後 5時から 10時まで する つもりです。

朴　私も 行きたいんですね。

박	여동생 생일은 언제입니까?
기무라	1월 12일입니다.
	생일파티를 할 생각인데…….
박	몇 시부터입니까?
기무라	오후 5시부터 10시까지 할 예정입니다.
박	저도 가고 싶군요.

단 어

- いつ　언제, 어느 때
- パーティー　파티
- けど　~지만, 하지만 (けれども의 줄임말)
- 何時(なんじ)から　몇 시부터
- 行(い)きたいんですね　가고 싶군요
- 日(ひ)　날
- ~つもりです　~할 예정입니다, 생각입니다
- 妹(いもうと)さん　(상대방의) 여동생
- 午後(ごご)　오후

59

きのう　くも
昨日は 曇りでした。
어제는 흐렸습니다.

きょう　あめ　ふ
今日も 雨が 降るでしょう。
오늘도 비가 올 것입니다.

단어 노트

• 昨日(きのう) 어제
• 曇(くも)り 흐림
• 今日(きょう) 오늘
• 雨(あめ) 비
• 降(ふ)る (비·눈·서리 등이) 내리다, 오다
• 雪(ゆき) 눈
• その 그
• 若(わか)い 젊다, 어리다, 미숙하다
• 女性(じょせい) 여성
• 日本語(にほんご) 일본어
• 先生(せんせい) 선생님
• 父(ちち) 아버지
• 公務員(こうむいん) 공무원
• まだ 아직
• 彼女(かのじょ) 그녀
• 果長(かちょう) 과장
• 東京(とうきょう) 도쿄(일본의 수도)
• 今(いま) 지금
• 寒(さむ)い 춥다

◉ **でした** ~이었습니다

체언 및 그에 준하는 것에 붙어서 '~입니다'를 뜻하는 단정의 조동사 です의 과거형입니다. 의문형은 ~でしたか입니다.

きのう　　ゆき
▶ **昨日は 雪でしたか。**
어제는 눈이었습니까? (어제는 눈이 왔습니까?)

わか　じょせい　　にほんご　　せんせい
その 若い 女性は 日本語の 先生でした。
그 젊은 여성은 일본어 선생님이었습니다.

ちち　　こうむいん
父は 公務員でした。
아버지는 공무원이었습니다.

◉ **でしょう** ~이(겠)지요

'~입니다'를 뜻하는 です의 추측형입니다. 회화체에서 주로 사용합니다.

かのじょ　　かちょう
▶ **まだ 彼女は 課長でしょう。**
아직 그녀는 과장이(겠)지요.

とうきょう　いま　さむ
東京は 今 寒いでしょう。
도쿄는 지금 춥(겠)지요.

はやく 乗_のって ください。
빨리 타 주십시오.

私_{わたし}は 就職_{しゅうしょく}する つもりです。
저는 취직할 생각입니다.

단어 노트

· はやく 빨리, 급히
· 乗(の)る 타다, 오르다
· 就職(しゅうしょく)する 취직하다
· 行(い)く 가다
· パスポート 여권
· 見(み)せる 보이다
· 今夜(こんや) 오늘 밤
· 映画(えいが) 영화
· 見(み)る 보다
· 中(じゅう)に ～중으로, ～안에
· 仕上(しあ)げる 일을 끝내다, 완성하다

◉ **동사 연용형 + て ください** ～해 주십시오

'연용형'이란 용언에 연결될 수 있는 활용형이란 뜻에서 유래한 용어입니다. 'ます형'이라고도 말합니다. 실제로는 조사에도 연결될 수 있습니다. 조동사 ます, た, たい, たら, 조사의 て, ながら 등에 이어지는 활용형입니다. 동사의 연용형에 てください를 연결하면 '～해 주십시오' 하는 정중한 요청이 됩니다.

▶ 연용형 연습 – 「行(い)く(가다)」의 연용형

行きます	갑니다
行きたい	가고 싶다
行った	갔다
行きながら	가면서

パスポートを 見_みせて ください。
여권을 보여 주십시오.

◉ **동사 기본형 + つもりです** ～할 생각입니다 / ～할 예정입니다

つもり는 '예정, 작정, 의도'를 뜻합니다. 동사의 기본형에 つもりです를 연결하면 '～할 생각입니다, ～할 예정입니다' 라는 미래의 의지를 나타냅니다.

▶ 今夜_{こんや}は 映画_{えいが}を 見_みる つもりです。
오늘 밤에는 영화를 볼 생각입니다.

今日中_{きょうじゅう}に 仕上_{しあ}げる つもりです。
오늘 중으로 완성할 생각입니다.

문형 연습

1

昨日(きのう)は 曇(くも)りでした。
어제는 흐렸습니다.

今日(きょう)も 雨(あめ)が 降(ふ)るでしょう。
오늘도 비가 올 것입니다.

1. ~でした ~했습니다

❶ 晴(は)れ 맑음 　　❷ 雨(あめ) 비
❸ 台風(たいふう) 태풍

2. ~でしょう ~할 것입니다

❶ 雪(ゆき)が 降(ふ)る 눈이 오다 　　❷ 風(かぜ)が 吹(ふ)く 바람이 불다
❸ 曇(くも)る 구름이 끼다

2

はやく 乗(の)って ください。
빨리 타 주십시오.

私(わたし)は 就職(しゅうしょく)する つもりです。
저는 취직할 생각입니다.

1. ~て ください ~해 주십시오

❶ 急(いそ)ぐ 서두르다 　　❷ 食(た)べる 먹다
❸ 飲(の)む 마시다

2. ~つもりです ~할 생각입니다

❶ 結婚(けっこん)する 결혼하다 　　❷ 旅行(りょこう)する 여행하다
❸ 勉強(べんきょう)する 공부하다

1 다음을 일본어로 바꾸세요.

(1) 어제는 날씨가 흐렸습니다.

➡ _____

(2) 저는 내일 그 일을 할 생각입니다.

➡ _____

(3) 오전에 빨리 와 주십시오.

➡ _____

(4) 오늘도 비가 오겠지요.

➡ _____

2 밑줄에 알맞은 조사를 넣으세요.

(1) オレンジジュース _____ 飲(の)みたい。

오렌지 주스를 마시고 싶다.

(2) 父(ちち) _____ 息子(むすこ)、母(はは) _____ 娘(むすめ)。

아버지와 아들, 엄마와 딸.

---

1 (1) 昨日(きのう)は 曇(くも)りでした。   (2) 私(わたし)は あした あのことをするつもり です。

    (3) 午前(ごぜん)に 早(はや)く 来(き)て ください。   (4) 今日(きょう)も 雨(あめ)が 降(ふ)るでしょう。

2 (1) が (또는 を)   (2) と, と

UNIT 04

スパゲッティは
おいしいです。
스파게티는 맛있습니다.

>>> い형용사의 긍정

スパゲッティは おいしいです。
스파게티는 맛있습니다.

なっとうは まずいです。
낫토는 맛이 없습니다.

1. スパゲッティは おいしいです。

おいしい는 '맛이 있다'라는 뜻으로서, い형용사입니다. い형용사란, 어미가 い의 형태로 끝나면서 명사를 수식하는 것을 말합니다. 보통 い형용사는 기본형과 종지형(です가 붙는 형태), 그리고 명사를 수식하는 형태가 모두 똑같습니다.

- スパゲッティは おいしい。 　　　스파게티는 맛있다.
- スパゲッティは おいしいです。 　스파게티는 맛있습니다.
- おいしい スパゲッティ。 　　　　맛있는 스파게티.

2. なっとうは まずいです。

まずい는 '맛이 없다'는 뜻으로서, 이것도 い형용사입니다. 이 まずい는 '맛이 없다'는 뜻 외에도 자신에게 있어서 상황이 불리하게 전개될 경우에도 쓰입니다. 참고로, なっとう(納豆)는 일본의 대표적인 된장 요리로 발효시킨 된장을 익히지 않고 날 것으로 먹는 반찬의 일종입니다.

- 納豆は まずい。 　　　　　낫토는 맛이 없다.
- 納豆は まずいです。 　　　낫토는 맛이 없습니다.
- まずい 納豆。 　　　　　　맛이 없는 낫토.
- 私に まずい 状況。 　　　나에게 불리한 상황.

>>> **い형용사의 부정**

きょうは 寒く ないです。
오늘은 춥지 않습니다.

秋は 寒くも 暑くも ありません。
가을은 춥지도 덥지도 않습니다.

1. きょうは 寒く ないです。

い형용사의 부정형은, 어미인 い를 く로 바꾸고 ない를 붙이면 됩니다. 정중형으로는 ない 뒤에 です 를 붙여서 ないです라고 하며, 더 정중하게 표현하려면 ないです 대신에 ありません을 붙입니다.
~く ない는 '~하지 않다', ~く ないです · ~く ありません은 '~하지 않습니다' 라는 뜻입니다.

- きょうは 寒い。　　　　　　　　　오늘은 춥다.

- きょうは 寒く ない。　　　　　　　오늘은 춥지 않다.

- きょうは 寒く ないです。　　　　　오늘은 춥지 않습니다.

- きょうは 寒く ありません。　　　　오늘은 춥지 않습니다.

2. 秋は 寒くも 暑くも ありません。

'~하지도 ~하지도 않다'를 일본어로 하면 ~くも ~くも ない라고 합니다. 정중형은 ない뒤에 です를 붙여서 ないです라고 하며, 더 정중하게 표현하려면 ないです 대신에 ありません을 붙이면 됩니다. '춥다'는 寒(さむ)い이며, 반대말은 暑(あつ)い입니다.

- 秋は 寒くも 暑くも ない。　　　　가을은 춥지도 덥지도 않다.

- 秋は 寒くも 暑くも ないです。　　가을은 춥지도 덥지도 않습니다.

- 秋は 寒くも 暑くも ありません。　가을은 춥지도 덥지도 않습니다.

>>> **い형용사의 과거형**

あの 映画(えいが)は おもしろかったです。
그 영화는 재미있었습니다.

日本(にほん)は 寒(さむ)く ありませんでした。
일본은 춥지 않았습니다.

1. あの 映画は おもしろかったです。

い형용사의 과거형은, 어미인 い를 없애고 かった를 붙이면 됩니다. 정중형으로는 かった 뒤에 です를 붙여서 かったです라고 하면 됩니다. 자칫하면 です의 과거형인 でした를 붙이기 쉬우므로 주의해야 합니다. 뜻은 '~했다, ~했습니다'가 됩니다. 참고로, おもしろい는 '재미있다'라는 뜻이며, 반의어로 '재미없다, 시시하다'는 つまらない라고 합니다.

い형용사	い형용사의 과거형	い형용사의 과거 정중형
おもしろい 재미있다	おもしろかった 재미있었다	おもしろかったです 재미있었습니다
つまらない 시시하다	つまらなかった 시시했다	つまらなかったです 시시했습니다

2. 日本は 寒く ありませんでした。

い형용사의 과거 부정형은, 먼저 앞에서 배운 부정형인 ~く ない에 과거형인 かったです를 붙이는데, ない에 かったです를 붙이게 되면 なかったです의 형태가 됩니다. 이 표현을 정중형으로 나타내려면 なかったです 대신에 ありませんでした를 붙이면 됩니다. 뜻은 '~하지 않았습니다'가 됩니다. 혼동하기 쉬우므로 활용 형태를 정확하게 알아 둡시다.

い형용사	い형용사의 부정형	い형용사의 과거 부정형	い형용사의 과거 부정 정중형
寒(さむ)い 춥다	寒(さむ)く ない 춥지 않다	寒(さむ)く なかった 춥지 않았다	寒(さむ)く なかったです 寒(さむ)く ありませんでした 춥지 않았습니다
暑(あつ)い 덥다	暑(あつ)く ない 덥지 않다	暑(あつ)く なかった 덥지 않았다	暑(あつ)く なかったです 暑(あつ)く ありませんでした 덥지 않았습니다

>>> い형용사의 て형

日本語は やさしくて おもしろいです。
일본어는 쉽고 재미있습니다.

会社は 家から 近くて いいです。
회사는 집에서 가까워서 좋습니다.

1. 日本語は やさしくて おもしろいです。

い형용사의 て형은, 어미인 い를 빼고 くて를 붙이면 됩니다. 여기서 주의할 점은, 어미를 빼고 그냥 て만을 붙이는 것이 아니라 くて를 붙여야 한다는 것입니다. 형용사의 て형은 '~하여, ~하고'의 뜻을 가지고 있으며, 앞의 말과 뒤의 말을 연결하는 역할 외에 나열하는 기능도 있습니다. 참고로, '쉽다'라는 뜻은 やさしい인데, 이 やさしい에는 '쉽다'라는 뜻 외에도 '상냥하다, 부드럽다'라는 뜻도 있습니다. 한자로 나타내면 '쉽다'는 易しい이며, '상냥하다, 부드럽다'는 優しい가 됩니다.

■ やさしい + おもしろい = やさしくて おもしろい
　쉽다　　　　재미있다　　　　　　쉽고 재미있다

■ むずかしい + つまらない = むずかしくて つまらない
　어렵다　　　　재미없다　　　　　　어렵고 재미없다

2. 会社は 家から 近くて いいです。

い형용사의 て형은 '~해서, ~하여'라는 이유를 나타내는 경우도 있습니다. 보통 뒤에는 '좋다'라는 뜻의 형용사인 いい가 붙기도 합니다. 즉, '~해서(하여) 좋다'는 ~くて いい라고 합니다. 활용 형태는 위의 설명과 동일합니다.

■ 学校が 近くて いいです。　　학교가 가까워서 좋습니다.

■ 家が 広くて いいです。　　집이 넓어서 좋습니다.

69

🎧 track 14

1

李　あの 店^{みせ}の スパゲッティ、おいしいですか。

山田　いいえ、おいしく ありません。まずいです。

李　では、お昼^{ひる}は 何^{なに}に しますか。

山田　しゃぶしゃぶに します。

이	저 가게 스파게티, 맛있습니까?
야마다	아니오, 맛있지 않습니다. 맛이 없습니다.
이	그럼, 점심은 뭘로 할까요?
야마다	샤브샤브로 하겠습니다.

- **あの** 저(지시대명사)
- **スパゲッティ** 스파게티
- **～ですか** ～입니까?
- **～く ありません** ～하지 않습니다
- **では** 그럼, 그렇다면
- **何(なに)** 무엇
- **しゃぶしゃぶ** 샤브샤브

- **店(みせ)** 가게, 상점
- **おいしい** 맛있다
- **いいえ** 아니오
- **まずい** 맛없다
- **お昼(ひる)** 점심, 점심식사
- **～に しますか** ～으로 하겠습니까?

2

李　日本の　旅行は　どうでしたか。

山田　ほんとうに　おもしろかったです。

李　日本の　天気は。

山田　よかったですね。ソウルより　暖かかったです。

이	일본 여행은 어땠어요?
야마다	정말 재미있었어요.
이	일본의 날씨는요?
야마다	좋았어요. 서울보다 따뜻했습니다.

 단　어

- 日本(にほん)　일본
- ～は　どうでしたか　～은 어땠습니까?
- おもしろい　재미있다
- よかった　좋았다
- ソウル　서울
- 暖(あたた)かい　따뜻하다

- 旅行(りょこう)　여행
- ほんとうに　정말로, 진짜로
- 天気(てんき)　날씨
- ～ね　～네요, ～군요
- ～より　～보다

71

彼(かれ)は とても 背(せ)が 高(たか)いです。

그는 매우 키가 큽니다.

あのスカートは 長(なが)くも 短(みじか)くも ありません。

저 스커트는 길지도 짧지도 않습니다.

● ～いです ～입니다

い형용사의 어미인 동시에 기본형인 ～い에 정중한 형태의 です가 붙은 형태로서, 종지형이라고도 합니다. い형용사가 명사를 수식하는 경우에도 기본형인 ～い의 형태를 합니다.

▶ あの 部屋(へや)は 広(ひろ)い。
저 방은 넓다. (기본형)

あの 部屋(へや)は 広(ひろ)いです。
저 방은 넓습니다. (종지형)

広(ひろ)い 部屋(へや)。
넓은 방. (명사 수식형)

● ～くも ～くも ありません ～하지도 ～하지도 않습니다

い형용사의 독특한 형태의 문형으로서, くも 대신에 でも를 쓰며, 앞에 명사를 넣어서 '～도 ～도 아닙니다' 라는 뜻이 됩니다. 형용사의 어미인 い를 빼고 くも를 연결한다는 점에 유의해야 하며, 이 문형은 정해진 표현이므로 암기해 둡시다.

▶ その 山(やま)は 高(たか)くも 低(ひく)くも ありません。
그 산은 높지도 낮지도 않습니다.

あの 女性(じょせい)は 学生(がくせい)でも 先生(せんせい)でも ありません。
저 여성은 학생도 선생님도 아닙니다.

今年は 本当に 暑かったです。
올해는 정말 더웠습니다.

先生の 話は いつも 難しくて つまらないです。
선생님의 이야기는 늘 어렵고 재미없습니다.

- 今年(ことし) 올해
- ～は ～은, 는
- 本当(ほんとう)に 정말로
- 暑(あつ)い 덥다
- ～かったです ～였습니다
- 先生(せんせい) 선생님
- 話(はなし) 이야기
- いつも 늘, 항상
- 難(むずか)しい 어렵다
- きのう 어제
- ～まで ～까지
- 彼女(かのじょ) 그녀
- 髪(かみ) 머리(카락)
- 長(なが)い 길다
- あそこ 저기
- ラーメン 라면
- ～屋(や) ～집 ～가게
- 安(やす)い 값이 싸다
- おいしい 맛있다
- 人形(にんぎょう) 인형
- 小(ちい)さい 작다
- かわいい 귀엽다

～かったです　～였습니다

い형용사의 과거형으로서, 어미인 い를 かった로 고치고 정중한 형태의 です를 붙인 것입니다. 무조건 과거형이라면 です의 과거형인 でした를 붙이는 경우가 많아서 그냥 いでした라고 쓰기 쉽습니다. い형용사의 과거형은 주의해야 합니다.

▶ きのうまで 彼女の 髪は 長かったです。
어제까지 그녀의 머리는 길었습니다.

　きのうまで 彼女の 髪は 長いでした。(잘못된 표현)

～くて　～하고 / ～하여

い형용사의 て형으로서, 어미인 い를 빼고 대신 くて를 붙여서 만듭니다. 이 활용 형태 또한 틀리지 않도록 정확하게 알아 둡시다.

▶ あそこの ラーメン屋は 安くて おいしいです。
저 라면집은 싸고 맛있습니다.

　あの 人形は 小さくて かわいいです。
저 인형은 작고 귀엽습니다.

문형 연습

1

<ruby>彼<rt>かれ</rt></ruby> は とても <ruby>背<rt>せ</rt></ruby>が <ruby>高<rt>たか</rt></ruby>い です。

그는 매우 키가 큽니다.

あの スカートは <ruby>長<rt>なが</rt></ruby>くも <ruby>短<rt>みじか</rt></ruby>くも ありません。

저 스커트는 길지도 짧지도 않습니다.

1. ~いです ~입니다

❶ <ruby>頭<rt>あたま</rt></ruby>(あたま)が いい　머리가 좋다　　❷ <ruby>怖<rt>こわ</rt></ruby>(こわ)い　무섭다

❸ <ruby>優<rt>やさ</rt></ruby>(やさ)しい　상냥하다

2. ~くも ~くも ありません ~하지도 ~하지도 않습니다

❶ <ruby>高<rt>たか</rt></ruby>(たか)い　비싸다　/　<ruby>安<rt>やす</rt></ruby>(やす)い　싸다

❷ <ruby>厚<rt>あつ</rt></ruby>(あつ)い　두껍다　/　<ruby>薄<rt>うす</rt></ruby>(うす)い　얇다

2

<ruby>今年<rt>ことし</rt></ruby> は <ruby>本当<rt>ほんとう</rt></ruby>に <ruby>暑<rt>あつ</rt></ruby>かった です。

올해는 정말 더웠습니다.

<ruby>先生<rt>せんせい</rt></ruby>の <ruby>話<rt>はなし</rt></ruby>は いつも <ruby>難<rt>むずか</rt></ruby>しくて つまらない です。

선생님의 이야기는 늘 어렵고 재미가 없습니다.

1. ~かったです ~였습니다

❶ つらい　괴롭다　　❷ <ruby>忙<rt>いそが</rt></ruby>(いそが)しい　바쁘다

❸ <ruby>楽<rt>たの</rt></ruby>(たの)しい　즐겁다

2. ~くて ~하고 / ~하여

❶ <ruby>長<rt>なが</rt></ruby>(なが)い　길다　/　つまらない　재미없다

❷ <ruby>短<rt>みじか</rt></ruby>(みじか)い　짧다　/　おもしろい　재미있다

1 다음 문장을 해석하세요.

(1) スパゲッティは おいしいです。

➡ _____

(2) 秋_{あき}は 寒_{さむ}くも 暑_{あつ}くも ありません。

➡ _____

(3) 日本_{にほん}は 寒_{さむ}く ありませんでした。

➡ _____

2 다음 문장의 밑줄 친 부분을 과거형으로 바꾸세요.

(1) 今年_{ことし}は 本当_{ほんとう}に 暑_{あつ}いです。

➡ _____

(2) きのうまで 彼女_{かのじょ}の 髪_{かみ}は 長_{なが}いです。

➡ _____

3 다음 우리말 문장을 일본어로 쓰세요.

(1) 저 인형은 작고 귀엽습니다.

➡ _____

(2) 그 스커트는 길지도 짧지도 않습니다.

➡ _____

---

1 (1) 스파게티는 맛있습니다.　　(2) 가을은 춥지도 덥지도 않습니다.　　(3) 일본은 춥지 않았습니다.

2 (1) 暑(あつ)かったです。　　(2) 長(なが)かったです。

3 (1) あの 人形(にんぎょう)は 小(ちい)さくて かわいいです。

(2) その スカートは 長(なが)くも 短(みじか)くも ありません。

UNIT 05

ソウルは 東京より
寒いです。
서울은 도쿄보다 춥습니다.

- い형용사의 연체형
- い형용사의 활용
- 꼭 알아야 할 い형용사
- 사람의 감정이나 상태를 나타내는 い형용사

>>> **い형용사의 연체형**

あの 高^{たか}い ビルは 63ビルです。
저 높은 빌딩은 63빌딩입니다.

机^{つくえ}の 上^{うえ}に おもしろい 雑誌^{ざっし}が あります。
책상 위에 재미있는 잡지가 있습니다.

1. あの 高い ビルは 63ビルです。

い형용사의 연체형이란, 명사 앞에 위치하여 명사를 수식해 주는 형태를 말합니다. 어미인 い 그대로 명사를 수식합니다. 문장의 맨 끝에 위치하는 종지형의 경우에도 그 형태는 똑같습니다.

■ あの 高^{たか}い ビルは 63ビルです。
저 높은 빌딩은 63빌딩입니다.(연체형)

63ビルは 高^{たか}いです。
63빌딩은 높습니다. (종지형)

2. 机の 上に おもしろい 雑誌が あります。

위에서 설명한 것과 마찬가지로, 형용사 おもしろい가 명사 雑誌(ざっし)를 수식하고 있습니다.

■ 机^{つくえ}の 上^{うえ}に おもしろい 雑誌^{ざっし}が あります。
책상 위에 재미있는 잡지가 있습니다. (연체형)

机^{つくえ}の 上^{うえ}に ある 雑誌^{ざっし}は おもしろいです。
책상 위에 있는 잡지는 재미있습니다. (종지형)

>>> **い형용사의 활용**

韓国料理の 中で 何が 一番 辛いですか。
한국 요리 중에 무엇이 가장 맵습니까?

ソウルは 東京より 寒いです。
서울은 도쿄보다 춥습니다.

1. 韓国料理の 中で 何が 一番 辛いですか。

여러 개 중에서 한 가지를 선택해야 하는 상황에서 쓰입니다. 우리말의 '~중에서 무엇이 가장'을
나타내는 말이 ~の 中(なか)で 何(なに)が 一番(いちばん) 입니다.

- 韓国料理の 中で 何が 一番 辛いですか。
  한국 요리 중에 무엇이 가장 맵습니까?

  キムチが 一番 辛いです。
  김치가 가장 맵습니다.

2. ソウルは 東京より 寒いです。

비교를 나타낼 경우에도 쓰는 표현입니다. 비교를 나타내는 표현은 '~보다' 라는 뜻을 가진 より
를 씁니다. 예문을 통해 익혀봅시다.

- ソウルは 東京より 寒いです。
  서울은 도쿄보다 춥습니다.

  東京は ソウルより 暖かいです。
  도쿄는 서울보다 따뜻합니다.

>>> 꼭 알아야할 い형용사

- ふと(太)い　굵다　　↔　ほそ(細)い　가늘다
- あつ(厚)い　두껍다　↔　うす(薄)い　얇다
- たか(高)い　높다　　↔　ひく(低)い　낮다
- ひろ(広)い　넓다　　↔　せま(狭)い　좁다
- あつ(熱)い　뜨겁다　↔　つめ(冷)たい　차갑다
- はや(早)い　이르다　↔　おそ(遅)い　늦다
- はや(速)い　빠르다　↔　おそ(遅)い　느리다

い형용사의 종류는 셀 수 없이 많습니다만, 그 중에서도 가장 기본적으로 알아 두어야 할 'い형용사'를 정리해 보았습니다. 예문을 통해 익혀 둡시다.

■ 太い ボールペン。　　　　　　　굵은 볼펜.

　　ボールペンが 細いです。　　볼펜이 가늡니다.

■ 厚い ノート。　　　　　　　　두꺼운 노트.

　　ノートが 薄いです。　　　　노트가 얇습니다.

■ 高い 山。　　　　　　　　　　높은 산.

　　山が 低いです。　　　　　　산이 낮습니다.

■ 広い 部屋。　　　　　　　　　넓은 방.

　　部屋が 狭いです。　　　　　방이 좁습니다.

■ 速い 速度。　　　　　　　　　빠른 속도.

　　速度が 遅いです。　　　　　속도가 느립니다.

>>> 사람의 감정이나 상태를 나타내는 い형용사

- きびしい　엄격하다
- あかるい　명랑하다
- さびしい　쓸쓸하다
- やさしい　상냥하다
- つめたい　냉정하다
- おとこっぽい　남자답다

い형용사 중에는 사람의 감정이나 상태를 나타내는 이른바 '감정 형용사' 와 '상태 형용사' 가 있습니다. 여기에서는 가장 기본적으로 알아 두어야 할 감정 형용사와 상태 형용사를 예문을 통해 공부해 봅시다.

- 彼女(かのじょ)は いつも 優(やさ)しいです。
  그녀는 늘 상냥합니다.

- 私(わたし)の 父(ちち)は 厳(きび)しいです。
  나의 아버지는 엄합니다.

- 冷(つめ)たい 人(ひと)は きらいです。
  냉정한 사람은 싫습니다.

- 彼(かれ)は 性格(せいかく)が 明(あか)るいです。
  그는 성격이 밝습니다.

＊사람의 성격을 나타내는 형용사

かわいい	귀엽다	まじめだ	성실하다
明(あか)るい	쾌활하다 / 밝다	ハンサムだ	잘 생겼다
きびしい	엄격하다 / 엄하다	やさしい	상냥하다 / 다정하다
親切(しんせつ)だ	친절하다	冷(つめ)たい	냉정하다
健康(けんこう)だ	건강하다	丈夫(じょうぶ)だ	튼튼하다
きれいだ	예쁘다	のんきだ	느긋하다

track 18

1

李　この 中で 一番 高い 人は 誰ですか。

山田　田中です。

　　きっと 180センチは 越えて います。

李　わあ、すてきですね。

이　　이 중에 가장 키가 큰 사람은 누구입니까?

야마다　다나카입니다.
　　　　분명 180센티미터는 넘습니다.

이　　와, 멋지네요.

 단 어

- **この 中(なか)で** 이 중에서
- **高(たか)い** 높다, 키가 크다
- **誰(だれ)** 누구
- **センチ** 센티미터 (cm)
- **〜て います** 〜하고 있다, 〜해 있다
- **すてきだ** 멋지다, 훌륭하다

- **一番(いちばん)** 가장, 제일
- **人(ひと)** 사람
- **きっと** 분명, 반드시
- **越(こ)える** 넘다
- **わあ** 와 (감정을 나타내는 감탄사)

2

李 いらっしゃいませ。何を お探しですか。

山田 シャツ、ありますか。

李 はい、あります。これは いかがですか。

山田 ちょっと 派手ですね。

青いのを 見せて ください。

イ 어서 오세요. 뭘 찾으시나요?
야마다 셔츠 있나요?
이 예, 있습니다. 이것은 어떠세요?
야마다 좀 화려하네요.
　　　 파란 색으로 보여 주세요.

- **いらっしゃいませ** 어서 오세요
- **探(さが)す** 찾다
- **はい** 예, 네
- **ちょっと** 조금, 약간
- **青(あお)い** 파랗다
- **～て ください** ～해 주세요

- **何(なに)** 무엇
- **シャツ** 셔츠
- **いかがですか** 어떻습니까?
- **派手(はで)だ** 화려하다
- **見(み)せる** 보여주다

^{くだもの} ^{なか} ^{なに} ^{いちばん} ^{たか}
果物の 中で 何が 一番 高いですか。
과일 중에서 무엇이 가장 비쌉니까?

^{くるま} ^{じ てん しゃ} ^{はや}
車が 自転車より 速いです。
자동차가 자전거보다 빠릅니다.

단어 노트

- **果物(くだもの)** 과일
- **中(なか)** 중
- **何(なに)** 무엇
- **一番(いちばん)** 가장, 제일
- **高(たか)い** 비싸다, 높다
- **車(くるま)** 자동차
- **自転車(じ てん しゃ)** 자전거
- **~より** ~보다
- **速(はや)い** 빠르다
- **メロン** 멜론
- **スイカ** 수박
- **父(ちち)** 아버지
- **母(はは)** 어머니
- **若(わか)い** 젊다
- **兄(あに)** 형, 오빠
- **姉(あね)** 언니, 누나

◉ **~の 中で 何が 一番** ~중에서 무엇이 가장

여러 개 중에서 어느 한 가지를 선택하고자 할 때 쓰는 문형입니다. 많이 쓰는 표현이므로 예문을 통해 잘 익혀둡시다.

▶ ^{くだもの} ^{なか} ^{なに} ^{いちばん} ^{たか}
果物の 中で 何が 一番 高いですか。
과일 중에서 무엇이 가장 비쌉니까?

メロンです。 멜론입니다.

スイカです。 수박입니다.

◉ **~より** ~보다

두 가지를 놓고 서로 비교할 때 쓰는 문형입니다. 이 표현도 자주 쓰므로 잘 알아둡시다.

▶ ^{ちち} ^{はは} ^{わか}
父より 母が 若いです。
아버지보다 어머니가 젊습니다.

^{あに} ^{あね} ^{たか}
兄より 姉が 高いです。
형보다 누나가 키가 큽니다.

> この 遊^{あそ}びは とても 楽^{たの}しいです。
> 이 놀이는 매우 즐겁습니다.
>
> 彼^{かれ}は いつも さびしい 顔^{かお}を して います。
> 그는 늘 외로운 얼굴을 하고 있습니다.

단어 노트

- 遊(あそ)び 놀이
- とても 매우
- 楽(たの)しい 즐겁다
- いつも 늘, 항상
- さびしい 외롭다
- 顔(かお) 얼굴
- 友達(ともだち) 친구
- ~から ~로부터
- プレゼント 선물
- もらう 받다
- 嬉(うれ)しい 기쁘다
- 悲(かな)しい 슬프다
- 映画(えいが) 영화
- 見(み)る 보다
- ~たい ~하고 싶다
- 先生(せんせい)
  선생님
- 厳(きび)しい
  엄하다, 엄격하다
- 男(おとこ)っぽい
  남자답다
- ~が 好(す)きだ
  ~을 좋아한다

◉ **楽しい** 즐겁다

감정 형용사란, 사람의 감정을 나타내는 형용사를 말합니다. 아래의 예문을 통해 공부해 봅시다.

▶ 友達^{ともだち}から プレゼントを もらって、とても 嬉^{うれ}しいです。
친구로부터 선물을 받아서, 너무 기쁩니다.

▶ 私^{わたし}は 悲^{かな}しい 映画^{えいが}が 見^みたいです。
나는 슬픈 영화를 보고 싶습니다.

◉ **さびしい** 외롭다

상태 형용사란, 어느 한 상태를 나타내는 형용사를 말합니다. 아래의 예문을 통해 공부해 봅시다.

▶ 先生^{せんせい}は いつも 厳^{きび}しいです。
선생님은 늘 엄합니다.

私^{わたし}は 男^{おとこ}っぽい 人^{ひと}が 好^すきです。
저는 남자다운 사람을 좋아합니다.

문형 연습

1

果物の 中で 何が 一番 高いですか。
くだもの なか なに いちばん たか

과일 중에서 무엇이 가장 비쌉니까?

車が 自転車より 速いです。
くるま じてんしゃ はや

자동차가 자전거보다 빠릅니다.

1. ～い い형용사의 선택

❶ おいしい　맛이 있다　　❷ 安(やす)い　값이 싸다
❸ 小(ちい)さい　작다

2. ～い い형용사의 비교

❶ 大(おお)きい　크다　　❷ 高(たか)い　비싸다
❸ 重(おも)い　무겁다

2

この 遊びは とても 楽しいです。
あそ たの

이 놀이는 매우 즐겁습니다.

彼は いつも さびしい 顔を して います。
かれ かお

그는 늘 외로운 얼굴을 하고 있습니다.

1. 감정 형용사

❶ おもしろい　재미있다　　❷ つまらない　시시하다
❸ 難(むずか)しい　어렵다

2. 상태 형용사

❶ 明(あか)るい　밝다 / 명랑하다　　❷ 厳(きび)しい　엄하다 / 엄격하다
❸ 暗(くら)い　어둡다

1 다음 문장을 해석하세요.

(1) 机の 上に おもしろい 雑誌が あります。
　　(つくえ) (うえ) (ざっし)

　➡ _____

(2) ソウルは 東京より 寒いです。
　　　　　　(とうきょう) (さむ)

　➡ _____

2 다음 형용사들 중에서 사람의 감정을 나타내는 형용사를 찾으세요.

(1) 暑(あつ)い　　　(2) 楽(たの)しい　　　(3) 長(なが)い

(4) 冷(つめ)たい　　(5) 広(ひろ)い　　　(6) 優(やさ)しい

(7) 細(ほそ)い　　　(8) さびしい　　　(9) 嬉(うれ)しい

(10) おいしい　　　(11) 安(やす)い　　　(12) 遅(おそ)い

3 다음 우리말 문장을 일본어로 쓰세요.

(1) 도쿄는 서울보다 따뜻합니다.

　➡ _____

(2) 그녀는 늘 상냥합니다.

　➡ _____

1 (1) 책상 위에 재미있는 잡지가 있습니다.
　　(2) 서울은 도쿄보다 춥습니다.
2 (2), (4), (6), (8), (9)
3 (1) 東京(とうきょう)は ソウルより 暖(あたた)かいです。
　　(2) 彼女(かのじょ)は いつも 優(やさ)しいです。

UNIT 06

私は アムロ ナミエが 好きです。
나는 아무로 나미에를 좋아합니다.

- な형용사의 긍정
- な형용사의 부정
- な형용사의 과거형
- な형용사의 で형

⟩⟩⟩ な형용사의 긍정

私は アムロ ナミエが 好きです。
나는 아무로 나미에를 좋아합니다.

銀座は にぎやかな 町です。
긴자는 번화한 거리입니다.

1. 私は アムロ ナミエが 好きです。

な형용사란, 어미가 だ로 끝나는 형용사를 말합니다. 그리고, 기본형은 だ로 끝나지만 명사를 수식할 경우에는 어미 だ가 な로 바뀌기 때문에 보통 な형용사라고 합니다. です가 붙을 경우에는 어미 だ를 빼고 です를 붙이면 됩니다.

■ 私は アムロ ナミエが 好きだ。
  나는 아무로 나미에를 좋아한다.

  私は アムロ ナミエが 好きです。
  나는 아무로 나미에를 좋아합니다.

2. 銀座は にぎやかな 町です。

な형용사가 위에서 설명한대로 명사를 수식할 경우에는, 어미 だ가 な로 바뀝니다.

■ 銀座は にぎやかな 町です。
  긴자는 번화한 거리입니다.

  銀座の 町は にぎやかです。
  긴자의 거리는 번화합니다.

》》 な형용사의 부정

私は 日本語が 上手では ない。
わたし　にほんご　　じょうず

나는 일본어를 잘하지 못한다.

木村さんは 親切では ありません。
きむら　　　　　しんせつ

기무라 씨는 친절하지 않습니다.

1. 私は 日本語が 上手では ない。

な형용사의 부정형은, 어미 だ를 빼고 では ない를 붙입니다. 회화체에서는 보통 では ない가 아니라 じゃ ない라고 합니다.

■ 私は 日本語が 上手では ない。
　わたし　にほんご　　じょうず

나는 일본어를 잘하지 못한다. (문장체)

私は 日本語が 上手じゃ ない。
わたし　にほんご　　じょうず

나는 일본어를 잘하지 못한다. (회화체)

2. 木村さんは 親切では ありません。

な형용사의 부정형인 では ない를 좀 더 정중하게 표현하려면 ない 대신에 ありません을 써서 では ありません이라고 합니다. 회화체에서는 보통 では ありません 대신에 じゃ ありません이라고 하면 됩니다.

■ 木村さんは 親切では ありません。
　きむら　　　　　しんせつ

기무라 씨는 친절하지 않습니다. (문장체)

木村さんは 親切じゃ ありません。
きむら　　　　　しんせつ

기무라 씨는 친절하지 않습니다. (회화체)

>>> な형용사의 과거형

交通<ruby>こうつう</ruby>は 不便<ruby>ふべん</ruby>でしたが、景色<ruby>けしき</ruby>は 立派<ruby>りっぱ</ruby>でした。

교통은 불편했습니다만, 경치는 훌륭했습니다.

前<ruby>まえ</ruby>は 静<ruby>しず</ruby>かでは ありませんでした。

전에는 조용하지 않았습니다.

1. 交通は 不便でしたが、景色は 立派でした。

な형용사의 과거형은, 어미 だ를 だった로 고치면 됩니다. 정중하게 표현하려면 だった 대신에 でした를 쓰면 됩니다.

- 交通は 不便だった。　　　　　　교통은 불편했다.
  交通は 不便でした。　　　　　　교통은 불편했습니다.
- 景色は 立派だった。　　　　　　경치는 훌륭했다.
  景色は 立派でした。　　　　　　경치는 훌륭했습니다.

2. 前は 静かでは ありませんでした。

な형용사의 과거 부정형은, 우선 어미 だ를 부정형인 では ない로 고친 후, ない를 なかった로 바꾸면 됩니다. 정중하게 표현하려면 では なかった 뒤에 です를 붙여서 では なかったです 라고 하면 되지만, 좀 더 정중한 표현은 では ありませんでした입니다.

- 前は 静かでは なかった。　　　　전에는 조용하지 않았다.
  前は 静かでは なかったです。　　전에는 조용하지 않았습니다.
  前は 静かでは ありませんでした。　전에는 조용하지 않았습니다. (좀 더 정중한 표현)

>>> な**형용사의** で**형**

この マンション は きれいで 広^{ひろ}いです。
이 맨션은 깨끗하고 넓습니다.

あの 人^{ひと}は ハンサムで まじめです。
그 사람은 잘 생겼고 성실합니다.

1. この マンション は きれいで 広いです。

な형용사의 연용형은, 어미 だ를 で로 바꾸면 됩니다. 뜻은 '~하고, ~하며' 입니다.

■ この マンション は きれいで 狭^{せま}いです。
이 맨션은 깨끗하고 좁습니다.

あの いすは 丈夫^{じょうぶ}で 安^{やす}いです。
저 의자는 튼튼하고 값이 쌉니다.

2. あの 人は ハンサムで、まじめです。

な형용사의 연용형은, い형용사와 な형용사 모두 연결될 수 있으며, 활용 형태는 で입니다.

■ あの 人^{ひと}は まじめで、ハンサムです。
그 사람은 성실하고 잘 생겼습니다.

彼^{かれ}は 親切^{しんせつ}で 素敵^{すてき}です。
그는 친절하고 멋있습니다.

🎧 track 22

1

李　山田さんは スポーツの 中で 何が 一番 好きですか。

山田　私は ゴルフが 好きです。

李　では、ゴルフは 上手な 方ですか。

山田　いいえ、あまり 上手では ありません。

　　　まだ 下手です。

이　　　야마다 씨는 스포츠 중에 무엇을 가장 좋아합니까?
야마다　저는 골프를 좋아합니다.
이　　　그럼 골프는 잘하는 편입니까?
야마다　아니요. 그다지 잘하지 못합니다.
　　　　아직 서투릅니다.

단 어 --

- スポーツ　스포츠
- 何(なに)　무엇
- 好(す)きだ　좋아하다
- 上手(じょうず)だ　잘한다, 능숙하다
- あまり　그다지, 별로
- 下手(へた)だ　못한다, 서툴다

- ～の 中(なか)で　～중에서
- 一番(いちばん)　가장, 제일
- ゴルフ　골프
- 方(ほう)　편, 쪽
- まだ　아직

2

李　引っ越しですって。

山田　交通も 不便でしたから。

李　でも、静かでは ありませんか。

山田　はい、そうなんですけど 家賃も 高く なったし。

이	이사하신다구요?
야마다	교통도 좀 불편했고요.
이	그래도 조용하지 않았나요?
야마다	예, 그렇긴 하지만, 집세도 오르고…….

 단 어

- 引(ひ)っ越(こ)し　이사
- 交通(こうつう)　교통
- 不便(ふべん)だ　불편하다
- でも　그래도
- そうなんです　그렇습니다
- 家賃(やちん)　집세

- ～ですって　～라면서요?
- ～も　～도
- ～でしたから　～였기 때문에
- 静(しず)かだ　조용하다
- ～けど　～지만, ～이지만
- ～し　～하고, ～하여, ～해서

95

私は 静かな 人が 好きです。
わたし　しず　　　ひと　　す

나는 조용한 사람을 좋아합니다.

彼は 元気では ありません。
かれ　げんき

그는 건강하지 않습니다.

단어 노트

· 私(わたし) 나
· 静(しず)かだ
  조용하다
· 好(す)きだ 좋아하다
· 彼(かれ) 그
· 元気(げんき)だ
  건강하다
· ほがらかだ 명랑하다
· 彼女(かのじょ) 그녀
· 作品(さくひん) 작품
· あまり 그다지
· 立派(りっぱ)だ
  훌륭하다

◉ **〜な** ~인 / ~한

な형용사의 명사 수식형, 즉 연체형입니다. 어미 だ가 명사를 수식하고자 할 경우에는 な로 바뀌어 수식하게 됩니다.

▶ 私は ほがらかな 人が 好きです。
　わたし　　　　　　ひと　　す

나는 명랑한 사람을 좋아합니다. (명사 수식형)

私が 好きな 人は ほがらかです。
わたし　す　　ひと

내가 좋아하는 사람은 명랑합니다. (종지형)

◉ **〜では ありません** ~하지 않습니다

な형용사의 부정형으로서, 긍정형인 だ 또는 です가 では ありません이 된 것입니다. 회화체에서는 では ない 또는 では ないです라고 합니다.

▶ 彼女の 作品は あまり 立派では ありません。
　かのじょ　さくひん　　　　　りっぱ

그녀의 작품은 그다지 훌륭하지 않습니다.

彼女の 作品は あまり 立派では ないです。
かのじょ　さくひん　　　　　りっぱ

그녀의 작품은 그다지 훌륭하지 않습니다.(회화체)

この マンションは とても 立派^{りっぱ}でした。

이 맨션은 매우 훌륭했습니다.

彼女^{かのじょ}は きれいで かわいいです。

그녀는 예쁘고 귀엽습니다.

단어 노트

· マンション 맨션
· とても 매우
· 彼女(かのじょ) 그녀
· きれいだ 예쁘다
· かわいい 귀엽다
· 建物(たてもの) 건물
· 先生(せんせい) 선생님
· まじめだ 성실하다
· カッコいい 멋있다

◉ ～でした ～였습니다

な형용사의 과거형으로서, 어미인 だ를 だった로 고치면 됩니다. 정중하게 표현하려면 だった 대신에 でした를 붙이면 됩니다.

▶ この 建物^{たてもの}は とても 立派^{りっぱ}でした。
　　이 건물은 매우 훌륭했습니다.

　 この 建物^{たてもの}は とても 立派^{りっぱ}だった。
　　이 건물은 매우 훌륭했다. (보통체)

◉ ～で ～하고 / ～하며

な형용사의 연체형으로서, 어미인 だ를 빼고 대신 で를 붙여서 만듭니다. 이 활용 형태는 명사를 수식하는 경우에 쓰입니다.

▶ あの 先生^{せんせい}は まじめで、カッコいいです。
　　저 선생님은 성실하고, 멋있습니다.

문형 연습

1

私は **静かな** 人が 好きです。
나는 조용한 사람을 좋아합니다.

彼は いつも **元気**では ありません。
그는 늘 건강하지 않습니다.

1. ~な ~한 / ~인

❶ 元気(げんき)だ 건강하다   ❷ 派手(はで)だ 화려하다

❸ すてきだ 멋지다

2. ~では ありません ~하지 않습니다

❶ 親切(しんせつ)だ 친절하다   ❷ まじめだ 성실하다

❸ きれいだ 깨끗하다

2

この マンションは とても **立派**でした。
이 맨션은 매우 훌륭했습니다.

彼女は **きれい**で、かわいいです。
그녀는 예쁘고 귀엽습니다.

1. ~でした ~였습니다

❶ 丈夫(じょうぶ)だ 튼튼하다   ❷ 安全(あんぜん)だ 안전하다

❸ 高価(こうか)だ 고가다

2. ~で ~하고 / 하며

❶ 派手(はで)だ 화려하다   ❷ まじめだ 성실하다

❸ 親切(しんせつ)だ 친절하다

연습 문제

1 다음 문장을 해석하세요.

(1) 私は 静かな 人が 好きです。
　　(わたし)　(しず)　(ひと)　(す)

　➡ ＿＿＿＿＿＿＿＿＿＿＿＿＿＿＿＿＿＿

(2) この マンションは きれいで 広いです。
　　　　　　　　　　　　　　　(ひろ)

　➡ ＿＿＿＿＿＿＿＿＿＿＿＿＿＿＿＿＿＿

2 다음 문장의 밑줄 친 부분을 부정형으로 바꾸세요.

(1) この 町は 静かです。
　　　(まち)　(しず)

　➡ ＿＿＿＿＿＿＿＿＿＿＿＿＿＿＿＿＿＿

(2) 私は アムロ ナミエが 好きです。
　　(わたし)　　　　　　　　(す)

　➡ ＿＿＿＿＿＿＿＿＿＿＿＿＿＿＿＿＿＿

3 다음 우리말 문장을 일본어로 쓰세요.

(1) 경치는 훌륭했습니다.

　➡ ＿＿＿＿＿＿＿＿＿＿＿＿＿＿＿＿＿＿

(2) 전에는 조용하지 않았습니다.

　➡ ＿＿＿＿＿＿＿＿＿＿＿＿＿＿＿＿＿＿

---

1 (1) 나는 조용한 사람을 좋아합니다.　(2) 이 맨션은 깨끗하고 넓습니다.
2 (1) 静(しず)かでは ありません。　(2) 好(す)きでは ありません。
3 (1) 景色(けしき)는 立派(りっぱ)でした。　(2) 前(まえ)는 静(しず)かでは ありませんでした。

UNIT 07

私は 電車で
行きます。
나는 전철을 타고 갑니다.

필수
표현
01

》》 동사의 종류

行(い)く	가다	→	行(い)きます	갑니다
食(た)べる	먹다	→	食(た)べます	먹습니다
する	하다	→	します	합니다
来(く)る	오다	→	来(き)ます	옵니다

1. 1그룹 동사란?

동사의 어미가 る 이외의 형태로 끝나는 모든 동사를 말합니다.

- 行(い)く　가다　　　読(よ)む　읽다　　　会(あ)う　만나다
  話(はな)す　이야기하다　死(し)ぬ　죽다　　遊(あそ)ぶ　놀다

또한, 어미가 る로 끝나는 동사 중에서 る 앞의 모음이 a, u, o인 동사도 1그룹 동사에 속합니다.

- 作(つく)る　만들다　　なる　되다　　　乗(の)る　타다

2. 2그룹 동사란?

동사의 어미가 る로 끝나는 동사 중에서 る앞의 모음이 i, e인 동사를 말합니다.

- 起(お)きる　일어나다　　見(み)る　보다
  食(た)べる　먹다　　　開(あ)ける　열다

3. 3그룹 동사(불규칙 동사)란?

3그룹 동사는 예외적인 활동을 하는 동사로서, 단 2개 밖에 없습니다.

- する　　하다　　くる　　오다

>>> **1그룹 동사의 ます형**

私は 電車で 行きます。
<small>わたし でんしゃ い</small>
나는 전철을 타고 갑니다.

映画を 見て 家に 帰ります。
<small>えい が み いえ かえ</small>
영화를 보고 집에 돌아갑니다.

1. 私は 電車で 行きます。

동사의 ます형은 '~합니다' 라는 뜻입니다. 동작을 나타내거나 앞으로의 동작 또는 의지를 나타냅니다. 1그룹 동사의 ます형을 만드는 방법은, 어미를 い단으로 바꾼 후, ます를 붙이면 됩니다. 또한, ます 외에도 ません(부정)과 ましょう나 ませんか(권유)의 형태에도 같은 방법으로 쓰입니다.

■ 電車で 行く。 <small>でんしゃ い</small>　　　　전철로 간다. (기본형)

電車で 行きます。　　　　전철로 갑니다. (정중형)

電車で 行きません。　　　전철로 가지 않습니다. (부정형)

電車で 行きましょう。　　전철로 갑시다. (권유)

電車で 行きませんか。　　전철로 가지 않겠습니까? (권유)

2. 映画を 見て 家に 帰ります。

1그룹 동사 중에는 2그룹 동사의 형태를 한 1그룹 동사가 있습니다. 이러한 예외적인 형태의 동사는 반드시 꼭 암기해 두어야 합니다. 다음은 1그룹 동사의 예외 동사이니 잘 알아 둡시다.

■ 帰(かえ)る 돌아가다 → 帰ります 돌아갑니다 → 帰りません 돌아가지 않습니다

知(し)る 알다 → 知ります 압니다 → 知りません 모릅니다

入(はい)る 들어가다 → 入ります 들어갑니다 → 入りません 들어가지 않습니다

走(はし)る 달리다 → 走ります 달립니다 → 走りません 달리지 않습니다

要(い)る 필요하다 → 要ります 필요합니다 → 要りません 필요하지 않습니다

切(き)る 자르다 → 切ります 자릅니다 → 切りません 자르지 않습니다

〉〉〉 2그룹 동사의 ます형

ひるごはんは 食堂（しょくどう）で 食（た）べます。
점심은 식당에서 밥을 먹습니다.

日曜日（にちようび）は 朝（あさ）早（はや）く 起（お）きません。
일요일은 아침 일찍 일어나지 않습니다.

1. ひるごはんは 食堂で 食べます。

2그룹 동사의 ます형을 만드는 방법은, 어미 る를 없앤 후, ます를 붙이면 됩니다. 또한, ます 외에도 ません(부정)과 ましょう나 ませんか(권유)의 형태에도 같은 방법으로 쓰입니다.

■ 食堂（しょくどう）で 食（た）べる。　　　식당에서 먹는다. (기본형)

食堂で 食べます。　　　　　　　식당에서 먹습니다. (정중형)

食堂で 食べません。　　　　　　식당에서 먹지 않습니다. (부정형)

食堂で 食べましょう。　　　　　식당에서 먹읍시다. (권유)

食堂で 食べませんか。　　　　　식당에서 먹지 않겠습니까? (권유)

2. 日曜日は 朝 早く 起きません。

이 예문에서 쓰인 起（お）きません은 起（お）きる라는 2그룹 동사의 부정형입니다. 앞의 1번에 쓰인 食（た）べる와 같은 활용을 하므로 잘 알아 둡시다.

■ 朝（あさ）早（はや）く 起（お）きる。　　　아침 일찍 일어난다. (기본형)

朝 早く 起きます。　　　　　　　아침 일찍 일어납니다. (정중형)

朝 早く 起きません。　　　　　　아침 일찍 일어나지 않습니다. (부정형)

朝 早く 起きましょう。　　　　　아침 일찍 일어납시다. (권유)

朝 早く 起きませんか。　　　　　아침 일찍 일어나지 않겠습니까? (권유)

〉〉〉 3그룹 동사의 ます형

いっしょうけんめいに 勉強を します。
열심히 공부를 합니다.

木村さんは 今日の コンパに 来ません。
기무라 씨는 오늘 모임에 오지 않습니다.

1. いっしょうけんめいに 勉強を します。

3그룹 동사의 ます형을 만드는 방법은, 1그룹 동사나 2그룹 동사와 같이 일정한 규칙을 갖고 있지 않고 불규칙적으로 활용되므로 무조건 활용 형태를 암기해야만 합니다. 아래의 예문을 통해 공부해 봅시다.

■ 勉強を する。　　　　　　　　공부를 하다. (기본형)

　勉強を します。　　　　　　　공부를 합니다. (정중형)

　勉強を しません。　　　　　　공부를 하지 않습니다. (부정형)

　勉強を しましょう。　　　　　공부를 합시다. (권유)

　勉強を しませんか。　　　　　공부를 하지 않겠습니까? (권유)

2. 木村さんは 今日の コンパに 来ません。

3그룹 동사 중에서 来(く)る는 불규칙 동사이므로 잘 알아 두어야 합니다. 여러 가지 형태의 활용형이 각각 독특한 형태로 활용되므로 아래의 예문을 통해 가장 기본적인 활용 형태를 정확하게 공부해 둡시다.

■ 今日の コンパに 来る。　　　　오늘 모임에 온다. (기본형)

　今日の コンパに 来ます。　　　오늘 모임에 옵니다. (정중형)

　今日の コンパに 来ません。　　오늘 모임에 오지 않습니다. (부정형)

　今日の コンパに 来ませんか。　오늘 모임에 오지 않겠습니까? (권유)

🎧 track 26

1

山田 朝、何時に 起きますか。
あさ なんじ お

李 6時に 起きます。
ろくじ お

山田 会社は 電車に 乗って 行きますか。
かいしゃ でんしゃ の い

李 はい、電車に 乗って 行きます。
でんしゃ の い

야마다 아침 몇 시에 일어납니까?
이 6시에 일어납니다.
야마다 회사는 전철을 타고 갑니까?
이 네, 전철을 타고 갑니다.

- 朝(あさ) 아침
- 起(お)きる 일어나다
- 会社(かいしゃ) 회사
- ～に 乗(の)る ～을 타다
- 何時(なんじ) 몇 시
- ～時(じ) ～시
- 電車(でんしゃ) 전철
- 行(い)く 가다

2

李 　週末、映画を 見に 行きませんか。

山田 　いいですよ。何の 映画を 見ましょうか。

李 　アクション映画を 見たいですが。

山田 　では、「ラスト サムライ」は どうですか。

이	주말에 영화를 보러 가지 않겠습니까?
야마다	좋아요. 무슨 영화를 볼까요?
이	액션 영화를 보고 싶은데요.
야마다	그럼, 「라스트 사무라이」는 어때요?

- 週末(しゅうまつ) 주말
- ～を ～을
- ～に 行(い)く ～하러 가다
- 何(なん)の 무슨
- アクション映画(えいが) 액션 영화
- では 그럼, 그렇다면

- 映画(えいが) 영화
- 見(み)る 보다
- いいですよ 좋아요
- ～ましょうか ～할까요?
- ～たいですが ～하고 싶습니다만
- ～は どうですか ～은 어떻습니까?

私は 毎日 新聞を 読みます。
わたし　まいにち　しんぶん　　よ

나는 매일 아침 신문을 읽습니다.

はさみで 紙を 切ります。
かみ　　き

가위로 종이를 자릅니다.

단어 노트

- 私(わたし) 나
- 毎日(まいにち) 매일
- 新聞(しんぶん) 신문
- 読(よ)む 읽다
- はさみ 가위
- 紙(かみ) 종이
- ～を ～을
- 切(き)る 자르다
- 公園(こうえん) 공원
- ～で ～에서
- 友(とも)だち 친구
- ～と ～와(과)
- 遊(あそ)ぶ 놀다
- 彼女(かのじょ) 그녀
- 日本語(にほんご) 일본어
- よく 잘
- 知(し)る 알다

◉ 読む 읽다 ― 読みます 읽습니다 (1그룹 동사)

1그룹 동사의 기본형과 ます형입니다. 1그룹 동사의 구별법과 ます형을 만드는 방법을 잘 공부해 둡시다. ます형 중에서도 부정형은 가장 기본적인 활용 형태이므로 함께 알아 두어야 합니다.

▶ 公園で 友だちと 遊ぶ。
　こうえん　とも　　あそ

　공원에서 친구랑 논다. (기본형)

公園で 友だちと 遊びます。
こうえん　とも　　あそ

공원에서 친구랑 놉니다. (정중형)

公園で 友だちと 遊びません。
こうえん　とも　　あそ

공원에서 친구랑 놀지 않습니다. (부정형)

◉ 切る 자르다 ― 切ります 자릅니다 (1그룹 동사의 예외 동사)

앞에서 설명한대로, 切(き)る와 같이 그 형태는 2그룹 동사이지만, 활용은 1그룹 동사와 같이 하는 형태의 동사가 있습니다. 예외적인 활용을 하는 동사는 틀리기 쉬우므로 정확하게 공부해 둡시다.

▶ 彼女は 日本語を よく 知る。
　かのじょ　にほんご　　　し

　그녀는 일본어를 잘 안다. (기본형)

彼女は 日本語を よく 知ります。
かのじょ　にほんご　　　し

그녀는 일본어를 잘 압니다. (정중형)

彼女は 日本語を よく 知りません。
かのじょ　にほんご　　　し

그녀는 일본어를 잘 알지 못합니다. (부정형)

알짜학습

02

私は 夜中に ラーメンを 食べます。
わたし よ なか た

나는 한밤중에 라면을 먹습니다.

犬と 一緒に 散歩を します。
いぬ いっしょ さんぽ

개와 함께 산책을 합니다.

단어 노트

- ラーメン 라면
- 食(た)べる 먹다
- 犬(いぬ) 개
- 一緒(いっしょ)に 함께
- 散歩(さんぽ) 산책
- する 하다
- 暑(あつ)い 덥다
- ～くて ～하여, ~해서
- 窓(まど) 창문
- 開(あ)ける 열다
- 寒(さむ)い 춥다
- 弟(おとうと) 남동생
- 友(とも)だち 친구
- 野球(やきゅう) 야구
- 兄(あに) 형(오빠)
- 姉(あね) 언니(누나)

◉ **食べる** 먹다 － **食べます** － 먹습니다(2그룹 동사)

食(た)べる는 대표적인 2그룹 동사입니다. 1그룹 동사와는 ます를 연결하는 방법이 다르므로, 주의하여 알아 둡시다.

▶ 暑くて 窓を 開ける。
あつ まど あ
더워서 창문을 열다. (기본형)

暑くて 窓を 開けます。
あつ まど あ
더워서 창문을 엽니다. (정중형)

寒くて 窓を 開けません。
さむ まど あ
추워서 창문을 열지 않습니다. (부정형)

◉ **する** 하다 － **します** 합니다 (3그룹 동사)

する는 来(く)る와 함께 3그룹 동사에 속합니다. 불규칙한 활용 형태를 가지고 있으므로, 각각의 활용형을 정확하게 암기해야 합니다.

▶ 弟は 友だちと 野球を する。 남동생은 친구와 야구를 한다. (기본형)
おとうと とも やきゅう

弟は 友だちと 野球を します。 남동생은 친구와 야구를 합니다. (정중형)
おとうと とも やきゅう

弟は 友だちと 野球を しません。 남동생은 친구와 야구를 하지 않습니다. (부정형)
おとうと とも やきゅう

▶ 兄と 姉が ここに 来る。 형과 누나가 여기에 온다. (기본형)
あに あね く

兄と 姉が ここに 来ます。 형과 누나가 여기에 옵니다. (정중형)
あに あね き

兄と 姉が ここに 来ません。 형과 누나가 여기에 오지 않습니다. (부정형)
あに あね き

109

문형 연습

1

私は 毎日 新聞を 読みます。
나는 매일 아침 신문을 읽습니다.

はさみで 紙を 切ります。
가위로 종이를 자릅니다.

1. ～ます (1그룹 동사의) ～합니다 / ～입니다

❶ 牛乳(ぎゅうにゅう)を 飲(の)む　우유를 마시다
❷ 学校(がっこう)に 行(い)く　학교에 가다
❸ おばあさんと 話(はな)す　할머니와 이야기하다

2. ～ます (1그룹 동사의 예외 동사) ～합니다 / ～입니다

❶ 犬(いぬ)と 走(はし)る　개와 달리다　❷ 店(みせ)に 入(はい)る　가게에 들어가다
❸ かばんが 要(い)る　가방이 필요하다

2

私は 夜中に ラーメンを 食べます。
나는 한밤중에 라면을 먹습니다.

犬と 一緒に 散歩を します。
개와 함께 산책을 합니다.

1. ～ます (2그룹 동사의) ～합니다 / ～입니다

❶ ビデオを 見(み)る　비디오를 보다　❷ 人形(にんぎょう)と 寝(ね)る　인형과 자다
❸ 窓(まど)を 開(あ)ける　창문을 열다

2. ～ます (3그룹 동사의) ～합니다 / ～입니다

❶ 妹(いもうと) / ゲーム　여동생 / 게임　❷ 母(はは) / 話(はなし)　엄마 / 이야기
❸ 父(ちち) / ジョギング　아빠 / 조깅

1 다음 문장을 해석하세요.

(1) 映画(えいが)を 見(み)て 家(いえ)に 帰(かえ)ります。

➡ _____

(2) 日曜日(にちようび)は 朝(あさ) 早(はや)く 起(お)きません。

➡ _____

2 다음 문장의 밑줄 친 부분을 기본형으로 바꾸세요.

(1) いっしょうけんめいに 勉強(べんきょう)を します。

➡ _____

(2) 木村(きむら)さんは 今日(きょう)の コンパに 来(き)ません。

➡ _____

3 다음 우리말 문장을 일본어로 쓰세요.

(1) 가위로 종이를 자릅니다.

➡ _____

(2) 나는 매일 아침 신문을 읽습니다.

➡ _____

---

1 (1) 영화를 보고 집에 돌아옵니다.　　(2) 일요일은 아침 일찍 일어나지 않습니다.

2 (1) する　　(2) 来(く)る

3 (1) はさみで 紙(かみ)を 切(き)ります。

　　(2) 私(わたし)は 毎朝(まいあさ) 新聞(しんぶん)を 読(よ)みます。

プールで
泳いで います。
수영장에서 수영하고 있습니다.

- く・ぐ로 끝나는 동사의 음편형
- う・つ・る로 끝나는 동사의 음편형
- ぬ・む・ぶ로 끝나는 동사의 음편형
- ～す・行く 등의 예외 동사의 음편형

필수
표현
01

>>> く·ぐ로 끝나는 동사의 음편형

書_かく － 名前_{なまえ}を 書_かいて います。
이름을 쓰고 있습니다.

泳_{およ}ぐ － プールで 泳_{およ}いで います。
수영장에서 수영하고 있습니다.

1. 名前を 書いて います。

동사의 음편형이란, 동작이 순차적으로 연속될 때 쓰는 표현으로서, '~하고, ~하여' 라는 뜻을 가지고 있습니다. 특히, 1그룹 동사 중에서 어미가 く로 끝나는 동사의 음편형을 만드는 방법은, 어미 く를 빼고 いて로 바꾸면 됩니다. 정중하게 표현하려면 '~하고 있습니다' 의 뜻이 되므로 보통 いて 뒤에 います(いる의 ます형)를 붙입니다.

■ 書_かく 쓰다 → 名前_{なまえ}を 書_かいて いる。 이름을 쓰고 있다.
名前_{なまえ}を 書_かいて います。 이름을 쓰고 있습니다.

2. プールで 泳いで います。

1그룹 동사 중에서 어미가 ぐ로 끝나는 동사의 음편형을 만드는 방법은, 어미 ぐ를 빼고 いで로 바꾸면 됩니다. 정중하게 표현하려면 '~하고 있습니다' 의 뜻이 되므로 보통 いで 뒤에 います(いる의 ます형)를 붙입니다.

■ 泳_{およ}ぐ 수영하다 → プールで 泳_{およ}いで いる。 수영장에서 수영하고 있다.
プールで 泳_{およ}いで います。 수영장에서 수영하고 있습니다.

>>> う・つ・る로 끝나는 동사의 음편형

買_かう － 本_{ほん}を 買_かって います。
책을 사고 있습니다.

待_まつ － 友_{とも}だちを 待_まって います。
친구를 기다리고 있습니다.

降_ふる － 雨_{あめ}が 降_ふって います。
비가 내리고 있습니다.

1. 本を 買って います。

1그룹 동사 중에서 어미가 う로 끝나는 동사의 음편형은, 어미 う를 빼고 って로 바꾸면 됩니다.
'~하고 있습니다' 라고 표현하려면 って 뒤에 います(いる의 ます형)를 붙입니다.

■ 買_かう 사다　　→　本_{ほん}を 買_かって いる。　　　　책을 사고 있다.
　　　　　　　　　　　本_{ほん}を 買_かって います。　　　책을 사고 있습니다.

2. 友だちを 待って います。

1그룹 동사 중에서 어미가 つ로 끝나는 동사의 음편형은, 어미 つ를 빼고 って로 바꾸면 됩니다.
'~하고 있습니다' 라고 표현하려면 って 뒤에 います(いる의 ます형)를 붙입니다.

■ 待_まつ 기다리다　→　友_{とも}だちを 待_まって いる。　친구를 기다리고 있다.
　　　　　　　　　　　友_{とも}だちを 待_まって います。　친구를 기다리고 있습니다.

3. 雨が 降って います。

1그룹 동사 중에서 어미가 る로 끝나는 동사의 음편형은, 어미 る를 빼고 って로 바꾸면 됩니다.
'~하고 있습니다' 라고 표현하려면 って 뒤에 います(いる의 ます형)를 붙입니다.

■ 降_ふる 내리다　　→　雨_{あめ}が 降_ふって いる。　　비가 내리고 있다.
　　　　　　　　　　　雨_{あめ}が 降_ふって います。　　비가 내리고 있습니다.

》》 ぬ・む・ぶ로 끝나는 동사의 음편형

死ぬ ー 犬が 死んで います。
개가 죽었습니다.

飲む ー ビールを 飲んで います。
맥주를 마시고 있습니다.

遊ぶ ー 運動場で 遊んで います。
운동장에서 놀고 있습니다.

1. 犬が 死んで います。

1그룹 동사 중에서 어미가 ぬ로 끝나는 동사의 음편형은, 어미 ぬ를 빼고 んで로 바꾸면 됩니다.
'~하고 있습니다' 라고 표현하려면 んで 뒤에 います(いる의 ます형)를 붙입니다.

- 死ぬ 죽다 → 犬が 死んで いる。 개가 죽었다.
  犬が 死んで います。 개가 죽어 있습니다.

2. ビールを 飲んで います。

1그룹 동사 중에서 어미가 む로 끝나는 동사의 음편형은, 어미 む를 빼고 んで로 바꾸면 됩니다.
'~하고 있습니다' 라고 표현하려면 んで 뒤에 います(いる의 ます형)를 붙입니다.

- 飲む 마시다 → ビールを 飲んで いる。 맥주를 마시고 있다.
  ビールを 飲んで います。 맥주를 마시고 있습니다.

3. 運動場で 遊んで います。

1그룹 동사 중에서 어미가 ぶ로 끝나는 동사의 음편형은, 어미 ぶ를 빼고 んで로 바꾸면 됩니다.
'~하고 있습니다' 라고 표현하려면 んで 뒤에 います(いる의 ます형)를 붙입니다.

- 遊ぶ 놀다 → 運動場で 遊んで いる。 운동장에서 놀고 있다.
  運動場で 遊んで います。 운동장에서 놀고 있습니다.

>>> ~す・行く 등의 예외 동사의 음편형

話す — 同僚と 話して います。
동료와 이야기하고 있습니다.

行く — 行ったり 来たり します。
왔다 갔다 합니다.

1. 同僚と 話して います。

동사의 어미가 す로 끝나는 예외 동사의 음편형은, 어미 す를 빼고 して로 바꾸면 됩니다. '~하고 있습니다' 라고 표현하려면 ん으로 뒤에 います(いる의 ます형)를 붙입니다.

■ 話す 이야기하다 → 同僚と 話して いる。   동료와 이야기하고 있다.

同僚と 話して います。   동료와 이야기하고 있습니다.

2. 行ったり 来たり します。

동사의 어미가 く로 끝나는 行(い)く 동사는, 형태는 1그룹 동사지만 활용이 특별한 예외 동사입니다. 즉, 어미가 く로 끝난다고 해서 음편형이 行(い)いて가 되는 것이 아니라, って를 붙여서 行(い)って 라고 해야 합니다. 또한, 来(く)る 역시 불규칙하게 활용하는 예외 동사이므로 음편형은 来(き)て가 됩니다. 여기 て 대신에 たり를 붙이면 '~하거나' 라는 뜻이 되는데 주로 ~たり ~たり する라는 표현으로 '~하거나 ~하거나 한다' 라는 뜻을 갖게 되죠. 우리말에도 있죠? '왔다갔다 합니다' 일본어와 다른 점은 일본어는 '가다' 에 해당하는 行(い)ったり가 먼저 쓰인다는 겁니다. ~たり ~たり する에 관해서는 **Unit 11**에서 다시 배우겠습니다.

■ 行く 가다 → 行って いる。   가고 있다.

行って います。   가고 있습니다.

■ 来る 오다 → 来て いる。   오고 있다.

来て います。   오고 있습니다.

🎧 track 30

1

山田 今 何を して いますか。

李 家で 試験勉強を して います。

山田 何の 試験ですか。

李 運転免許を 取る ために 勉強して います。

야마다   지금 무엇을 하고 있습니까?
이   집에서 시험 공부하고 있어요.
야마다   무슨 시험 공부예요?
이   운전면허를 따려고 공부하고 있어요.

- 今(いま) 지금
- 家(うち) 집
- 試験(しけん) 시험
- ～て います ～하고 있습니다
- ～ですか ～입니까
- ～を 取(と)る ～을 취득하다, ～을 따다

- 何(なに) 무엇
- ～で ～에서
- 勉強(べんきょう) 공부
- 何(なん)の 무슨
- 運転(うんてん)免許(めんきょ) 운전 면허
- ～ために ～하기 위하여, ～때문에

2

李　今週の 日曜日は 何を するんですか。

山田　なにも しません。

李　じゃあ、私の 家に 来て ください。

おいしい 料理を 作って いますから。

山田　わあ、いいです。

이　　　이번 주 일요일은 뭐 할 일 있어요?
야마다　아무 일도 없습니다.
이　　　그럼, 저희 집에 오세요.
　　　　맛있는 요리를 만들테니까요.
야마다　와, 좋아요.

 단 어

- 今週(こんしゅう) 이번 주
- ~を するんですか ~을 할 것입니까?
- じゃあ 그럼
- おいしい 맛이 있다
- 作(つく)る 만들다
- わあ 와!

- 日曜日(にちようび) 일요일
- なにも しません 아무 것도 하지 않습니다
- ~て ください ~해 주세요
- 料理 (りょうり) 요리
- ~から ~하니까, ~하므로
- いいです 좋아요

ひとり　みち　ある
一人で 道を 歩いて います。
혼자서 거리를 걷고 있습니다.

おも　　　　　　　　　も
おじいさんが 重い かばんを 持って います。
할아버지가 무거운 가방을 들고 있습니다.

◉ 歩く 걷다 — 歩いて います 걷고 있습니다
（く·ぐ로 끝나는 1그룹 동사）

어미가 く로 끝나는 1그룹 동사의 기본형과 음편형입니다. く 외에 어미가 ぐ로 끝나는 1그룹 동사도 음편형을 만드는 방법은 같습니다.

▶ 友だちと 公園を 歩く。　　　친구랑 공원을 걷다.
　友だちと 公園を 歩いて います。　친구랑 공원을 걷고 있습니다.

▶ 時間が なくて 急ぐ。　　　시간이 없어서 서두르다.
　時間が なくて 急いで います。　시간이 없어서 서두르고 있습니다.

◉ 持つ 들다 — 持って います 들고 있습니다
（う·つ·る로 끝나는 1그룹 동사）

어미가 つ로 끝나는 1그룹 동사의 기본형과 음편형입니다. つ 외에 어미가 う·る로 끝나는 1그룹 동사도 음편형을 만드는 방법은 같습니다.

▶ 花を 持つ。　　　　　　　꽃을 들다.
　彼女は 花を 持って いる。　그녀는 꽃을 들고 있다.
　彼女は 花を 持って います。　그녀는 꽃을 들고 있습니다.

▶ デパートで 靴を 買う。　　백화점에서 구두를 산다.
　デパートで 靴を 買って います。　백화점에서 구두를 사고 있습니다.

▶ 今 バスに 乗る。　　　　　지금 버스를 탄다.
　今 バスに 乗って います。　지금 버스를 타고 있습니다.

子供が ガムを 噛んで います。
こども　　　　　　　か

어린이가 껌을 씹고 있습니다.

両親が 先生と 話して います。
りょうしん　せんせい　　はな

부모님이 선생님과 이야기하고 있습니다.

단어 노트

- 子供(こども) 어린이
- ガム 껌
- 噛(か)む 씹다
- 両親(りょうしん) 부모님
- 事故(じこ)で 사고로
- 死(し)ぬ 죽다
- 鳥(とり) 새
- 空(そら) 하늘
- 飛(と)ぶ 날다
- 文字(もじ) 문자, 글자
- 指(ゆび) 손가락
- ～で ~으로
- 指(さ)す 가리키다
- 教会(きょうかい) 교회
- 子供(こども)たち 아이들
- 幼稚園(ようちえん) 유치원

◉ 噛む 씹다 ― 噛んで います 씹고 있습니다
(ぬ·む·ぶ로 끝나는 1그룹 동사)

어미가 む로 끝나는 1그룹 동사의 기본형과 음편형입니다. む 외에 어미가 ぬ·ぶ로 끝나는 1그룹 동사도 음편형을 만드는 방법은 같습니다.

▶ 父が するめを 噛む。　　　　　아버지가 말린 오징어를 씹다.
　ちち　　　　　　　　か
　父が するめを 噛んで います。　아버지가 말린 오징어를 씹고 있습니다.

▶ 事故で 人が 死ぬ。　　　　　사고로 사람이 죽다.
　じこ　ひと　し
　事故で 人が 死んで います。　사고로 사람이 죽었습니다.

▶ 鳥が 空を 飛ぶ。　　　　　새가 하늘을 날다.
　とり　そら　と
　鳥が 空を 飛んで います。　새가 하늘을 날고 있습니다.

◉ 話す 이야기하다 ― 話して います 이야기하고 있습니다
(く·す로 끝나는 예외 동사)

어미가 す로 끝나는 예외 동사의 기본형과 음편형입니다. 또한, 行(い)く와 来(く)る는 형태와 관계 없이 예외적으로 활용하므로, 그 음편형의 형태를 잘 알아 둡시다.

▶ 文字を 指で 指す。　　　　　글자를 손가락으로 가리키다.
　もじ　ゆび　さ
　文字を 指で 指して います。　글자를 손가락으로 가리키고 있습니다.

▶ 日曜日は 教会に 行く。　　　　일요일은 교회에 간다.
　にちようび　きょうかい　い
　日曜日は 教会に 行って います。　일요일은 교회에 가 있습니다.

▶ 子供たちが 幼稚園に 来る。　　아이들이 유치원에 온다.
　こども　ようちえん　く
　子供たちが 幼稚園に 来て います。　아이들이 유치원에 오고 있습니다.
　　　　　　　　　　　き

문형 연습

1

一人（ひとり）で 道（みち）を 歩（ある）いて います。
혼자서 거리를 걷고 있습니다.

おじいさんが 重（おも）い かばんを 持（も）って います。
할아버지가 무거운 가방을 들고 있습니다.

1. ～いて（いで）います (く・ぐ로 끝나는 동사의) ~하고 있습니다

❶ 川辺（かわべ）　강변 / 강가　　　❷ 広場（ひろば）　광장
❸ 庭（にわ）　정원

2. ～って います (う・つ・る로 끝나는 동사의) ~하고 있습니다

❶ おいしい お菓子（かし）　맛있는 과자
❷ 大（おお）きい 荷物（にもつ）　큰 짐

2

子供（こども）が ガムを 噛（か）んで います。
어린이가 껌을 씹고 있습니다.

両親（りょうしん）が 先生（せんせい）と 話（はな）して います。
부모님이 선생님과 이야기하고 있습니다.

1. ～んで います (ぬ・む・ぶ로 끝나는 동사의) ~하고 있습니다

❶ ジュースを 飲（の）む　쥬스를 마시다
❷ 人形（にんぎょう）と 遊（あそ）ぶ　인형과 놀다

2. ～して います (行く・す로 끝나는 동사의) ~하고 있습니다

❶ 病院（びょういん）に 行（い）く　병원에 가다
❷ 学校（がっこう）に 行（い）く　학교에 가다

1 다음 문장을 해석하세요.

(1) 先生と 話して います。
せんせい　　はな

➡ _____

(2) 行ったり 来たり します。
　　い　　　　き

➡ _____

2 다음 문장의 밑줄 친 부분을 기본형으로 바꾸세요.

(1) プールで 泳いで います。
　　　　　　およ

➡ _____

(2) 犬が 死んで います。
　　いぬ　　し

➡ _____

3 다음 우리말 문장을 일본어로 쓰세요.

(1) 이름을 쓰고 있습니다.

➡ _____

(2) 친구를 기다리고 있습니다.

➡ _____

(3) 운동장에서 놀고 있습니다.

➡ _____

1 (1) 선생님과 이야기하고 있습니다. (2) 왔다 갔다 합니다.
2 (1) 泳(およ)ぐ (2) 死(し)ぬ
3 (1) 名前(なまえ)を 書(か)いて います。
(2) 友(とも)だちを 待(ま)って います。
(3) 運動場(うんどうじょう)で 遊(あそ)んで います。

UNIT 09

ここに 入らないで
ください。
여기에 들어오지 마세요.

- 동사의 활용 — 미연형
- 동사의 활용 — 연용형
- 동사의 활용 — 연체형
- 동사의 활용 — 과거(종지)형

필수표현 01

〉〉〉 동사의 활용 – 미연형

ここに 入^{はい}らないで ください。

여기에 들어오지 마세요.

毎日^{まいにち} ニュースを 見^みなければ なりません。

매일 뉴스를 보지 않으면 안됩니다.

あしたは 会社^{かいしゃ}へ 行^いかなくても いいです。

내일은 회사에 가지 않아도 됩니다.

---

1. ここに 入らないで ください。

동사의 미연형은 부정형을 뜻합니다. 入(はい)る는 1그룹 동사이므로, 어미 る를 あ단인 ら로 바꾼 후 ない를 붙이면 됩니다. 특히, '~하지 마세요'라는 금지를 나타내는 표현은 어미 る를 ら로 고친 후 ないで ください를 붙이면 됩니다.

■ ここに 入^{はい}る。　　　　　　　　　여기에 들어오다.

　ここに 入らないで ください。　　여기에 들어오지 마세요.

2. 毎日 ニュースを 見なければ なりません。

見(み)る는 2그룹 동사이므로, 어미 る를 빼고 ない를 붙이면 됩니다. 특히, '~하지 않으면 안된다'라는 의무를 나타내는 표현은 어미 る를 뺀 후 なければ ならない를 붙입니다. 정중하게 표현하려면 なければ なりません이라고 하면 됩니다.

■ ニュースを 見^みない。　　　　　　　뉴스를 보지 않는다.

　ニュースを 見なければ なりません。　뉴스를 보지 않으면 안됩니다.

3. あしたは 会社へ 行かなくても いいです。

行(い)く는 1그룹 동사이므로, 미연형은 어미 く를 あ단인 か로 바꾼 후 ない를 붙입니다. 특히, '~하지 않아도 된다'라는 허가를 나타내는 표현은 어미 く를 あ단인 か로 바꾼 후 なくても いい를 붙이면 됩니다.

■ 会社^{かいしゃ}へ 行^いかない。　　　　　　회사에 가지 않는다.

　会社へ 行かなくても いいです。　　회사에 가지 않아도 됩니다.

⟩⟩⟩ 동사의 활용 – 연용형

私_{わたし}は デジカメが 買_かいたいです。
저는 디지털 카메라를 사고 싶습니다.

いっしょに 映画_{えいが}でも 見_みましょうか。
함께 영화라도 보겠어요?

食事_{しょくじ}を しながら 新聞_{しんぶん}を 読_よみます。
식사를 하면서 신문을 봅니다.

1. 私は デジカメが 買いたいです。

동사의 연용형은 ます에 연결되는 형태입니다. 買(か)う는 1그룹 동사이므로 어미 う를 い단인 い로 바꾼 후 ます를 붙이면 됩니다. '~하고 싶다'라는 희망을 나타내는 표현은 어미를 い단으로 바꾼 후 たい를 붙입니다. 정중하게 표현하려면 たいです라고 하면 됩니다.

- 買_かう 사다 → 買_かいます。　　　　　　삽니다

　　　　　デジカメが 買_かいたい。　　　디지털 카메라를 사고 싶다.

　　　　　デジカメが 買_かいたいです。　디지털 카메라를 사고 싶습니다.

2. いっしょに 映画でも 見ましょうか。

見(み)る는 2그룹 동사이므로, 연용형은 어미 る를 빼고 ます를 붙입니다. '~할까요?'라는 권유를 나타내는 표현은 어미 る를 빼고 ましょうか를 붙이면 됩니다.

- 映画_{えいが}でも 見_みます。　　　　　영화라도 봅니다.

　映画でも 見_みましょうか。　　　영화라도 볼까요?

3. 食事を しながら 新聞を 読みます。

する는 3그룹 동사이므로, 연용형은 예외적으로 する 전체를 し로 바꾸고 ます를 붙입니다. '~하면서'라는 동시 진행되는 동작을 나타내는 표현은 し에 ながら를 붙이면 됩니다.

- 食事_{しょくじ}を する。 식사를 하다. → 食事_{しょくじ}を します。 식사를 합니다.
- 新聞_{しんぶん}を 読_よむ。 신문을 읽다. → 新聞_{しんぶん}を 読_よみます。 신문을 읽습니다.

>>> **동사의 활용 – 연체형**

お好み焼きを 作る ことが できます。
오코노미야키를 만들 수 있습니다.

来年は きっと 結婚する つもりです。
내년에는 꼭 결혼할 겁니다.

1. お好み焼きを 作る ことが できます。

동사의 연체형은 기본형 그대로 쓰입니다. '~할 수 있다' 라는 가능을 나타내는 표현은 동사의 기본형에 ことが できる를 붙이면 됩니다. 정중하게 표현하려면 ことが できます라고 하면 됩니다.

■ お好み焼きを 作る ことが できる。
오코노미야키를 만들 수 있다.

お好み焼きを 作る ことが できます。
오코노미야키를 만들 수 있습니다.

2. 来年は きっと 結婚する つもりです。

미래의 본인의 생각과 의지를 나타내는 '~할 생각이다, ~할 것이다' 라는 표현은, 동사의 기본형에 つもりだ를 붙입니다. 정중하게 표현하려면 つもりです라고 하면 됩니다.

■ きっと 結婚する つもりだ。
꼭 결혼할 것이다. / 꼭 결혼할 생각이다.

きっと 結婚する つもりです。
꼭 결혼할 겁니다. / 꼭 결혼할 생각입니다.

>>> **동사의 활용 – 과거(종지)형**

しゅじん い
主人に 言った ほうが いいです。
남편에게 말하는 편이 좋습니다.

いちど た
まだ 一度も 食べた ことが ありません。
아직 한 번도 먹어 본 적이 없습니다.

1. 主人に 言った ほうが いいです。

동사의 과거형은, 言(い)う가 1그룹 동사이므로 어미 う를 빼고 った를 붙입니다. '~하는 편이 좋다' 라는 충고의 표현은 동사의 과거형 어미인 た뒤에 ほうが いい를 붙이면 됩니다. 정중하게 표현하려면 ほうが いいです라고 하면 됩니다.

■ い
言う 말하다 → い **言った** 말했다 → い **言いました** 말했습니다

しゅじん い
主人に 言った ほうが いい。　　　남편에게 말하는 편이 좋다.
しゅじん い
主人に 言った ほうが いいです。　　남편에게 말하는 편이 좋습니다.

2. まだ 一度も 食べた ことが ありません。

食(た)べる는 2그룹 동사이므로, 어미 る를 빼고 た를 붙이면 됩니다. '~한 적이 없다' 라는 표현은 과거형 어미인 た 뒤에 ことが ない를 붙입니다. 정중하게 표현하려면 ことが ありません이라고 하면 됩니다.

■ た
食べる 먹다 → た **食べた** 먹었다 → た **食べました** 먹었습니다

いちど た
一度も 食べた ことが ない。　　　　한 번도 먹어 본 적이 없다.
いちど た
一度も 食べた ことが ありません。　한 번도 먹어 본 적이 없습니다.

🎧 track 34

1

山田　李さん、お酒は 飲まないで ください。

李　　どこか 悪いですか。

山田　胃が 悪いから 飲まない 方が いいですよ。

李　　はい、わかりました。

야마다　이(수현) 씨, 술은 마시지 마세요.
이　　　어디 안 좋습니까?
야마다　위가 나쁘니까 마시지 않는 편이 좋습니다.
이　　　예, 알겠습니다.

- お酒(さけ)　술
- ～ないで ください　～하지 마세요
- 悪(わる)い　나쁘다
- ～から　～이기 때문에
- 飲(の)む　마시다
- どこか　어딘가
- 胃(い)　위, 위장
- わかる　알다

2

李 きのう ロッテワールドへ 行きました。

山田さんは 行った ことが ありますか。

山田 いいえ、まだ 行った ことが ありません。

李 おもしろい 乗り物が たくさん あって

楽しかったです。

山田 そうですか。今度 私も 行って みます。

이 　 어제 롯데월드에 갔습니다.
　 　 야마다 씨는 간 적이 있습니까?
야마다 아니오, 아직 간 적이 없습니다.
이 　 재미있는 놀이기구가 많이 있어서 재미있었습니다.
야마다 그래요? 다음에 저도 가 보겠습니다.

- ロッテワールド　롯데월드
- ～た ことが ある　～한 적이 있다
- おもしろい　재미있다
- たくさん　많이
- 今度(こんど)　다음 번

- ～へ　～에
- まだ　아직
- 乗(の)り物(もの)　놀이기구, 타는 것
- 楽(たの)しい　즐겁다
- ～て みる　～해 보다

ここで たばこを 吸_すわないで ください。

여기에서 담배를 피우지 마세요.

ごはんを 食_たべながら テレビを 見_みます。

밥을 먹으면서 텔레비전을 봅니다.

단어 노트

- たばこ 담배
- 吸(す)う 피우다
- ごはん 밥
- ～ながら ～하면서
- テレビ 텔레비전
- 見(み)る 보다
- 寝(ね)る 자다, 잠들다
- 今日(きょう) 오늘
- 学校(がっこう) 학교
- 本(ほん) 책
- 読(よ)む 읽다
- 字(じ) 글씨, 글자
- 書(か)く 쓰다

～ないで ください ～하지 마세요 (금지 표현)

동사의 미연형에 연결되는 형태입니다. 吸(す)우는 1그룹 동사이므로 어미가 あ단으로 바뀐 후 연결된 것입니다. 아래의 예문을 통해 2그룹 동사와 3그룹 동사의 경우도 잘 알아 둡시다.

▶ 寝る 자다, 잠들다 → 寝ない 자지 않는다, 잠들지 않는다 (2그룹 동사)

12時まで 寝ないで ください。　　　　　12시까지 잠들지 마세요.

▶ 来る 오다 → 来ない 오지 않는다 (3그룹 동사)

今日は 学校に 来ないで ください。　　오늘은 학교에 오지 마세요.

～ながら ～하면서 (동시에 진행되는 동사 표현)

한 가지 동작을 하면서 동시에 다른 동작을 함께 하는 상황을 나타내는 표현입니다. 이 표현 역시 자주 쓰이며 중요하므로 잘 알아 둡시다. 동사의 연용형에 연결되므로 활용 형태를 잘 알아 둡시다.

▶ 本を 読む。책을 읽다. → 本を 読みます。책을 읽습니다.

字を 書く。글씨를 쓰다. → 字を 書きます。글씨를 씁니다.

先生は 本を 読みながら 字を 書きます。
선생님은 책을 읽으면서 글씨를 씁니다.

알짜학습

02

彼(かれ)は お酒(さけ)を 飲(の)む ことが できます。
그는 술을 마실 수 있습니다.

彼女(かのじょ)は 日本(にほん)に 行(い)った ことが ありません。
그녀는 일본에 간 적이 없습니다.

단어 노트

· 彼(かれ) 그
· 酒(さけ) 술
· 飲(の)む 마시다
· 彼女(かのじょ) 그녀
· 日本(にほん) 일본

◉ **〜ことが できます** 〜할 수 있습니다 (가능 표현)

동사의 연체형, 즉 기본형에 바로 연결되는 표현으로서, 가능을 나타냅니다. '〜할 수 있다'는 ことが できる라고 하며, '〜할 수 없다'는 ことが できない라고 합니다.

▶ 彼(かれ)は お酒(さけ)を 飲(の)む ことが できる.　　그는 술을 마실 수 있다.
　 彼は お酒を 飲む ことが できます。　　그는 술을 마실 수 있습니다.

▶ 彼(かれ)は お酒(さけ)を 飲(の)む ことが できない.　　그는 술을 마실 수 없다.
　 彼は お酒を 飲む ことが できません。　　그는 술을 마실 수 없습니다.

◉ **〜た ことが ありません** 〜한 적이 없습니다

동사의 과거형에 연결되는 표현입니다. '〜한 적이 없다'라는 표현은 동사의 과거형 어미 た 뒤에 ことが ない가 붙으며, '〜한 적이 있다'라는 표현은 과거형 어미 た 뒤에 ことが ある가 붙습니다. 아래의 예문을 통해 공부해 봅시다.

▶ 彼女(かのじょ)は 日本(にほん)に 行(い)った ことが ない.　　그녀는 일본에 간 적이 없다.
　 彼女は 日本に 行った ことが ありません。 그녀는 일본에 간 적이 없습니다.

▶ 彼女(かのじょ)は 日本(にほん)に 行(い)った ことが ある.　　그녀는 일본에 간 적이 있다.
　 彼女は 日本に 行った ことが あります。　　그녀는 일본에 간 적이 있습니다.

문형 연습

1

ここで たばこを 吸(す)わないで ください。
여기에서 담배를 피우지 마세요.

ごはんを 食(た)べながら テレビを 見(み)ます。
밥을 먹으면서 텔레비전을 봅니다.

1. ～ないで ください ～하지 마세요

❶ 大声(おおごえ)を 出(だ)す 큰 소리를 내다
❷ ゴミを 捨(す)てる 쓰레기를 버리다
❸ 手(て)を 洗(あら)う 손을 닦다

2. ～ながら ～하면서

❶ 掃除(そうじ)を する 청소를 하다 ❷ 弟(おとうと)と 話(はな)す 남동생과 말하다
❸ 字(じ)を 書(か)く 글씨를 쓰다

2

彼(かれ)は お酒(さけ)を 飲(の)む ことが できます。
그는 술을 마실 수 있습니다.

彼女(かのじょ)は 日本(にほん)に 行(い)った ことが ありません。
그녀는 일본에 간 적이 없습니다.

1. ～ことが できます ～할 수 있습니다

❶ 英語(えいご)を 話(はな)す 영어를 말하다(영어를 하다)
❷ 漢字(かんじ)を 書(か)く 한자를 쓰다

2. ～た ことが ありません ～한 적이 없습니다

❶ 料理(りょうり)を 作(つく)る 요리를 하다
❷ 魚(さかな)を 食(た)べる 생선을 먹다

1. 다음 문장을 해석하세요.

(1) あしたは 会社へ 行かなくても いいです。

➡ _____

(2) まだ 一度も 食べた ことが ありません。

➡ _____

2. 다음 문장의 밑줄 친 부분을 문법에 맞게 올바른 형태로 바꾸세요.

(1) 主人に 言う ほうが いいです。

➡ _____

(2) 私は デジカメが 買う です。

➡ _____

3. 다음 우리말 문장을 일본어로 쓰세요.

(1) 매일 뉴스를 보지 않으면 안됩니다.

➡ _____

(2) 내년에는 꼭 결혼할 것입니다.

➡ _____

1 (1) 내일은 회사에 가지 않아도 됩니다.   (2) 아직 한 번도 먹은 적이 없습니다.
2 (1) 言(い)った   (2) 買(か)いたい です
3 (1) 毎日(まいにち) ニュースを 見(み)なければ なりません。
    (2) 来年(らいねん)は きっと 結婚(けっこん)する つもり です。

UNIT 10

この 薬を 飲めば 治ります。
이 약을 먹으면 낫습니다.

- 동사의 활용 – 가정형(~ば)
- 동사의 활용 – ~たら・~と・~なら
- 동사의 활용 – 의지형, 권유형
- 자동사와 타동사

〉〉〉 동사의 활용 – 가정형(~ば)

필수표현 01

この 薬を 飲めば 治ります。
くすり　の　　　なお
이 약을 먹으면 낫습니다.

その 本を 見れば 答えが すぐ わかります。
ほん　み　　こた
그 책을 보면 답을 금방 알 것입니다.

勉強すれば するほど おもしろく なります。
べんきょう
공부하면 할수록 재미있어집니다.

---

1. この 薬を 飲めば 治ります。

飲(の)む가 1그룹 동사이므로, 어미 む를 え단인 め로 바꾼 후 ば를 붙입니다.

- 書く 쓰다 → 書けば 쓰면　　　　　　　頼む 부탁하다 → 頼めば 부탁하면
  か　　　　か　　　　　　　　　　　　たの　　　　　たの
  死ぬ 죽다 → 死ねば 죽으면　　　　　　飛ぶ 날다　→ 飛べば 날면
  し　　　し　　　　　　　　　　　　　と　　　　　と

2. その 本を 見れば 答えが すぐ わかります。

見(み)る는 2그룹 동사이므로, 가정형을 만드는 방법은 어미 る를 빼고 れば를 붙이면 됩니다.

- 起きる 일어나다 → 起きれば 일어나면　　落ちる 떨어지다 → 落ちれば 떨어지면
  お　　　　　　お　　　　　　　　　　お　　　　　　　お
  捨てる 버리다　→ 捨てれば 버리면　　　避ける 피하다　→ 避ければ 피하면
  す　　　　　　す　　　　　　　　　　さ　　　　　　　さ

3. 勉強すれば するほど おもしろく なります。

する는 来(く)る와 함께 3그룹 동사이므로, 가정형 또한 불규칙하게 활용합니다.

- する 하다 → すれば 하면　　　　　利用する 이용하다 → 利用すれば 이용하면
  くる 오다 → くれば 오면　　　　　りょう　　　　　　りょう

>>> **동사의 활용 - ~たら・~と・~なら**

車(くるま)に 乗(の)ったら シートベルトを しめましょう。
차를 타면 안전벨트를 맵시다.

朝(あさ) 起(お)きると 顔(かお)を 洗(あら)います。
아침에 일어나면 세수를 합니다.

東京(とうきょう)に 行(い)くなら ディズニーランドへ 行(い)って みなさい。
도쿄에 가면 디즈니랜드에 가 보세요.

1. 車に 乗ったら シートベルトを しめましょう。

たら는 개인적인 판단으로 뒤에 오게 되는 상황이 성립된다는 것을 말할 때 쓰는 가정 표현입니다. 연결 방법은 て에 연결되는 음편형과 같습니다. 예문의 乗(の)る는 1그룹 동사이므로, 어미 る를 빼고 って 대신에 ったら를 붙이면 됩니다.

■ 書(か)く 쓰다 → 書いたら 쓰면　　　会(あ)う 만나다 → 会ったら 만나면
　 乗(の)る 타다 → 乗ったら 타면　　　遊(あそ)ぶ 놀다 → 遊んだら 놀면

2. 朝 起きると 顔を 洗います。

동사의 활용 중에서 と는 어느 상황에서 필연적인 것이 일어날 때 현실의 객관적이고 구체적인 사실을 말할 때 쓰며, 어떤 상태가 되었을 때 곧 이어서 또 하나의 일이 생기거나 이미 발생했을 때에도 쓰는 가정 표현입니다. 연결 방법은 모든 동사의 기본형에 と를 붙이면 됩니다.

■ 〈1그룹 동사〉 待(ま)つ 기다리다 → 待つと 기다리면　 飛(と)ぶ 날다 → 飛ぶと 날면
　 〈2그룹 동사〉 見(み)る 보다 → 見ると 보면　　　食(た)べる 먹다 → 食べると 먹으면
　 〈3그룹 동사〉 する 하다 → すると 하면　　　来(く)る 오다 → 来ると 오면

3. 東京に 行くなら ディズニーランドへ 行って みなさい。

なら는 앞으로 나타나게 될 상황 앞에서 사실을 제시해 주는 가정 표현입니다. 모든 동사의 기본형에 なら를 붙이면 '~하면, ~한다면'이란 전형적인 가정의 의미를 가집니다.

■ 〈1그룹 동사〉 立(た)つ 일어서다 → 立つなら 일어선다면　 洗(あら)う 씻다 → 洗うなら 씻는다면
　 〈2그룹 동사〉 起(お)きる 일어나다 → 起きるなら 일어난다면　 開ける 열다 → 開けるなら 연다면
　 〈3그룹 동사〉 する 하다 → するなら 한다면　　　来(く)る 오다 → 来るなら 온다면

≫ 동사의 활용 – 의지형, 권유형

今度の 週末に 横浜へ 行こうと 思います。
다음주 주말에 요코하마에 가려고 생각합니다.

いっしょに 買い物を しようと 思います。
함께 쇼핑을 하려고 합니다.

1. 今度の 週末に 横浜へ 行こうと 思います。

동사의 활용 중에서 의지형은, 각 그룹별 동사에 따라 연결 방법이 다릅니다. 1그룹 동사는 어미를 お단으로 바꾼 후 う를 붙입니다. 2그룹 동사는 어미 る를 빼고 よう를 붙입니다. 3그룹 동사는 예외적으로 연결되므로 아래의 예문을 통해 알아 봅시다. 뜻은 '~하자' 입니다.

■ 〈1그룹 동사〉 待つ 기다리다 → 待とう 기다리자　　飛ぶ 날다 → 飛ぼう 날자

　　〈2그룹 동사〉 見る 보다 → 見とう 보자　　　食べる 먹다 → 食べよう 먹자

　　〈3그룹 동사〉 する 하다 → しよう 하자　　　来る 오다 → 来よう 오자

2. いっしょに 買い物を しようと 思います。

동사의 의지형에 と 思(おも)います를 연결하면 '~하려고 합니다', '~하려고 생각합니다' 란 본인의 의사를 표현하는 문형이 됩니다. 모든 동사의 의지형에 연결되므로 잘 알아 둡시다.

■ 〈1그룹 동사〉 手紙を 書く。　　　　　　　　　편지를 쓰다.

　　　　　　　　手紙を 書こうと 思います。　　편지를 쓰려고 합니다.

　　〈2그룹 동사〉 ごはんを 食べる。　　　　　　밥을 먹는다.

　　　　　　　　ごはんを 食べようと 思います。　밥을 먹으려고 합니다.

　　〈3그룹 동사〉 買い物を する。　　　　　　　쇼핑을 하다.

　　　　　　　　買い物を しようと 思います。　쇼핑을 하려고 합니다.

雨<small>あめ</small>が 降<small>ふ</small>って います。
비가 내리고 있습니다.

本<small>ほん</small>を 読<small>よ</small>んで います。
책을 읽고 있습니다.

ノートに 名前<small>なまえ</small>が 書<small>か</small>いて あります。
노트에 이름이 쓰여 있습니다.

1. 雨が 降って います。

예문의 降(ふ)る는 '내리다'라는 뜻으로 자동사입니다. 자동사에 て いる가 연결되면 두 가지의 뜻을 가지게 됩니다. 우선, '~하고 있다'라는 진행의 의미와 '~해 있다'라는 상태의 의미를 가지게 됩니다.

- 雨<small>あめ</small>が 降<small>ふ</small>る。　　　　　　　비가 내리다. 〈자동사〉
  雨が 降って いる。　　　　비가 내리고 있다. 〈진행〉
- 窓<small>まど</small>が 開<small>あ</small>く。　　　　　　　창문이 열리다. 〈자동사〉
  窓が 開いて いる。　　　　창문이 열려 있다. 〈상태〉

2. 本を 読んで います。

예문의 読(よ)む는 '읽다'라는 뜻으로 타동사입니다. 이러한 타동사는 て いる와 연결되면 '~하고 있다'라는 진행의 의미가 됩니다.

- 本<small>ほん</small>を 読<small>よ</small>む。　　　　　　　책을 읽다. 〈타동사〉
  本を 読んで いる。　　　　책을 읽고 있다. 〈진행〉

3. ノートに 名前が 書いて あります。

예문의 書(か)く는 '쓰다'라는 뜻의 타동사입니다. 타동사는 て いる와 연결되면 '~하고 있다'라는 진행의 의미가 되지만 て ある와 연결되면 '~해 있다'라는 이미 되어져 있는 상태의 의미가 됩니다. 또한 て ある로 상태의 의미를 나타낼 때에는 주어의 조사를 を가 아닌 が로 써야 합니다.

- 名前<small>なまえ</small>を 書<small>か</small>く。　　　　　　이름을 쓰다. 〈타동사〉
  名前が 書いて ある。　　　　이름이 쓰여 있다. 〈상태〉

🎧 track 38

1

山田 もしもし、山田と 申します。

いま 明洞_{ミョンドン}に いますが ここから 遠いですか。

李 いいえ、遠く ありません。

あそこから まっすぐ 行くと 花屋が あります。

そこから 角を 曲がると スーパーが あります。

その となりです。

山田 はい、わかりました。

야마다 여보세요? 야마다라고 합니다.
　　　　지금 명동에 있습니다만, 여기서 멉니까?
이　　　아니오, 멀지 않습니다.
　　　　거기서 똑바로 가면 꽃집이 나옵니다.
　　　　거기서 모퉁이를 돌면 슈퍼가 있습니다.
　　　　그 옆입니다.
야마다 예, 알겠습니다.

단 어

- もしもし 여보세요
- いま 지금
- ～から ～에서부터
- あそこ 저기
- ～と ～하면
- 角(かど) 모퉁이, 코너
- スーパー 슈퍼마켓

- ～と 申(もう)します ～라고 합니다
- ～が ～이지만, ～하지만
- 遠(とお)い 멀다
- まっすぐ 곧장, 직진으로
- 花屋(はなや) 꽃집
- 曲(ま)がる 돌다
- となり 옆, 옆집

2

李　今度の　週末に　横浜へ　行こうと　思います。

山田　いいですね。だれと　行くんですか。

李　友だちの　池部さんと　行く　つもりです。

もし、時間が　あれば　いっしょに　行きましょう。

山田　ほんとう。いいですね。

이　　　이번 주말에 요코하마에 가려고 합니다.
야마다　좋겠군요. 누구랑 갈 겁니까?
이　　　친구 이케베와 갈 예정입니다.
　　　　만약 시간이 되시면 함께 갑시다.
야마다　정말요? 좋아요.

- 今度(こんど) 이번
- 横浜(よこはま) 요코하마
- 友(とも)だち 친구
- 時間(じかん) 시간
- ～ましょう ～합시다
- ～つもりです ～할 생각입니다, ～할 겁니다
- 週末(しゅうまつ) 주말
- だれ 누구
- もし 만일, 만약
- いっしょに 함께
- ほんとう 정말

漢字で 書けば すぐ 意味が 分かります。
한자로 쓰면 금방 의미를 알 수 있습니다.

冬に なると 雪が 降ります。
겨울이 되면 눈이 내립니다.

단어 노트

- 漢字(かんじ) 한자
- ～で ～으로
- 書(か)く 쓰다
- ～ば ～하면
- すぐ 금방
- 意味(いみ) 의미
- 分(わ)かる 알다
- 冬(ふゆ) 겨울
- ～に なる ～이 되다
- ～と ～하면
- 返事(へんじ) 답장
- ゴミ 쓰레기
- 捨(す)てる 버리다
- 上(あ)がる 올라가다
- 洗(あら)う 씻다
- 起(お)きる 일어나다
- 雰囲気(ふんいき) 분위기
- 怖(こわ)い 무섭다

～ば ～하면 / ～한다면 (가정 표현)

각 그룹의 동사에 따라 연결되는 형태가 다릅니다. 아래의 예문을 통해 공부해 봅시다.

▶ 〈1그룹 동사〉 書く 쓰다 → 書けば 쓰면

手紙を 書けば 返事が 来ます。 편지를 쓰면 답장이 옵니다.

〈2그룹 동사〉 捨てる 버리다 → 捨てれば 버리면

ゴミを 捨てれば すっきりと します。
쓰레기를 버리면 기분이 상쾌해집니다.

〈3그룹 동사〉 する 하다 → すれば 하면

勉強を すれば 成績が 上がります。
공부를 하면 성적이 올라갑니다.

～と ～하면 / ～하면서 (가정 표현)

각 그룹의 동사 모두 기본형에 연결되는 형태입니다. 아래의 예문을 통해 공부해 봅시다.

▶ 〈1그룹 동사〉 洗う 씻다 → 洗うと 씻으면

手を 洗うと きれいに なります。 손을 씻으면 깨끗해집니다.

〈2그룹 동사〉 起きる 일어나다 → 起きると 일어나면

朝起きると トイレに 行きます。
아침에 일어나면 화장실에 갑니다.

〈3그룹 동사〉 来る 오다 → 来ると 오면

先生が 来ると 雰囲気が 怖く なります。
선생님이 오면 분위기가 무서워집니다.

これから うどんを 食^たべようと 思^{おも}います。

지금부터 우동을 먹으려고 (생각)합니다.

母^{はは}は 歯^はを 磨^{みが}いて います。

엄마는 이를 닦고 있습니다.

단어 노트

- これから
  지금부터, 앞으로
- うどん 우동
- 母(はは) 엄마
- 歯(は) 이, 치아
- 磨(みが)く 닦다
- すべての こと 모든 일
- 両親(りょうしん)
  부모님
- 話(はな)す 이야기하다
- 夜(よる) 밤
- ビデオ 비디오
- 毎朝(まいあさ)
  매일 아침
- 一人(ひとり)で
  혼자서
- ジョギング 조깅
- 仕事(しごと) 일
- 進(すす)む 진행되다
- コーヒー 커피
- 飲(の)む 마시다

◉ ～う(よう)と 思います ～하려고 (생각)합니다 (의지 표현)

이 문형 앞에는 동사의 의지형이 연결됩니다. 각 그룹의 동사에 따라 연결되는 형태가 다릅니다.

▶ 〈1그룹 동사〉 話^{はな}す 이야기하다 → 話^{はな}そう 이야기하자

　　　 すべての ことを 両親^{りょうしん}に 話^{はな}そうと 思^{おも}います。
　　　 모든 일을 부모님에게 이야기하려고 (생각)합니다.

　〈2그룹 동사〉 見^みる 보다 → 見^みよう 보자

　　　 夜^{よる}に なったら ビデオを 見^みようと 思^{おも}います。
　　　 밤이 되면 비디오를 보려고 (생각)합니다.

　〈3그룹 동사〉 する 하다 → しよう 하자

　　　 毎朝^{まいあさ} 一人^{ひとり}で ジョギングを しようと 思^{おも}います。
　　　 매일 아침 혼자서 조깅을 하려고 (생각)합니다.

◉ ～て います ～하고 있습니다 (동작의 진행)

て いる는 자동사에도 연결되고 타동사에도 연결됩니다. 위의 예문은 타동사에 연결된 て いる로서, 동작의 진행을 나타내고 있습니다. 아래의 예문을 통해 공부해 봅시다.

〈자동사〉　仕事^{しごと}が 進^{すす}む。　　　　일이 진행되다.

　　　　　仕事が 進んで いる。　　일이 진행되고 있다.

〈타동사〉　コーヒーを 飲^のむ。　　　커피를 마시다.

　　　　　コーヒーを 飲んで いる。　커피를 마시고 있다.

145

문형 연습

1

漢字(かんじ)で 書(か)けば すぐ 意味(いみ)が 分(わ)かります。
한자로 쓰면 금방 의미를 알 수 있습니다.

冬(ふゆ)に なると 雪(ゆき)が 降(ふ)ります。
겨울이 되면 눈이 내립니다.

1. ～ば   ～하면 / ～한다면

❶ 日本語(にほんご)で 話(はな)す   일본어로 얘기하다
❷ 絵(え)で 描(か)く   그림으로 그리다
❸ 英語(えいご)で 聞(き)く   영어로 듣다

2. ～と   ～하면 / ～한다면

❶ 寒(さむ)く なる   추워지다   ❷ 雪(ゆき)だるまを 作(つく)る   눈사람을 만들다
❸ マフラーを 巻(ま)く   목도리를 두르다

2

これから うどんを 食(た)べようと 思(おも)います。
지금부터 우동을 먹으려고 (생각)합니다.

母(はは)は 歯(は)を 磨(みが)いて います。
엄마는 이를 닦고 있습니다.

1. ～うと 思(おも)います   ～하려고 (생각)합니다

❶ 宿題(しゅくだい)を する   숙제를 하다   ❷ お風呂(ふろ)に 入(はい)る   목욕하다
❸ 学校(がっこう)に 行(い)く   학교에 가다

2. ～て います   ～하고 있습니다

❶ 音楽(おんがく)を 聞(き)く   음악을 듣다
❷ 料理(りょうり)を 作(つく)る   요리를 만들다(하다)
❸ 妹(いもうと)を 叱(しか)る   여동생을 꾸짖다

1 다음 문장을 해석하세요.

(1) その 本を 見れば 答えが すぐ わかります。

　➡ _____

(2) 車に 乗ったら シートベルトを しめましょう。

　➡ _____

2 다음 문장의 밑줄 친 부분을 문법에 맞게 올바른 형태로 바꾸세요.

(1) 勉強する するほど おもしろく なります。

　➡ _____

(2) 今度の 週末に 横浜へ 行くと 思います。

　➡ _____

3 다음 우리말 문장을 일본어로 쓰세요.

(1) 노트에 이름이 쓰여 있습니다.

　➡ _____

(2) 함께 쇼핑을 하려고 합니다.

　➡ _____

---

1 (1) 그 책을 보면 답을 금방 알 것입니다.　　(2) 차를 타면 안전벨트를 맵시다.
2 (1) すれば　　　　　　　　　　　(2) 行(い)こう
3 (1) ノートに 名前(なまえ)が 書(か)いて あります。
　　 (2) いっしょに 買(か)いものを しようと 思(おも)います。

UNIT 11

彼との 約束を 忘れて しまいました。

그와의 약속을 잊어 버렸습니다.

- ■ ～て みる(~해 보다) / ～て しまう(~해 버리다)
- ■ ～にくい(~하기 어렵다) / ～やすい(~하기 쉽다)
- ■ ～たり～たり する(~하거나 ~하거나 하다)
- ■ ～と いう(~라는)

필수표현 01

>>> ～て みる ～해 보다 / ～て しまう ～해 버리다

私も あそこに 行って みます。
나도 그곳에 가 보겠습니다.

彼との 約束を 忘れて しまいました。
그와의 약속을 잊어 버렸습니다.

1. 私も あそこに 行って みます。

～て みる라는 문형은 '～해 보다' 라는 뜻을 가지고 있습니다. 모든 각 그룹 동사의 연용형에 연결될 수 있으며, 여기에 쓰인 みる는 보조동사의 성격을 띄고 있어서, 반드시 히라가나로 표기해야 합니다.

- 行く 가다   +   みる ～해 보다   =   行って みる 가 보다
- 食べる 먹다   +   みる ～해 보다   =   食べて みる 먹어 보다
- 読む 읽다   +   みる ～해 보다   =   読んで みる 읽어 보다

2. 彼との 約束を 忘れて しまいました。

～て しまう라는 문형은 '～해 버리다' 라는 뜻을 가지고 있습니다. 모든 각 그룹 동사의 연용형에 연결될 수 있습니다. ～て しまう 문형은 회화체에서는 그 형태가 생략형으로 바뀝니다. 형태는 ～ちゃう로 바뀌며, 뒤에 ます가 붙을 경우에는 어미 う가 い로 바뀌면서 ます가 붙습니다.

- 忘れる 잊다   +   て しまう ～해 버리다   =   忘れて しまう / 忘れちゃう 잊어 버리다
- 食べる 먹다   +   て しまう ～해 버리다   =   食べて しまう / 食べちゃう 먹어 버리다
- 行く 가다   +   て しまう ～해 버리다   =   行って しまう / 行っちゃう 가 버리다

>>> ~にくい ~하기 어렵다 / ~やすい ~하기 쉽다

漢字は 覚えにくいです。
한자는 외우기 어렵습니다.

サンドイッチは 食べやすいです。
샌드위치는 먹기 쉽습니다.

1. 漢字は 覚えにくいです。

~にくい 문형은 '~하기 어렵다'라는 뜻을 가지고 있습니다. 보통 모든 각 그룹 동사의 ます형에 연결됩니다. 여기에 쓰인 にくい 역시 앞에서 배운 보조 동사 みる와 같이 반드시 히라가나로 표기해야 합니다. 참고로 ~がたい도 비슷한 뜻인데, 공문 등에 많이 쓰이는 표현입니다.

■ 覚える 외우다   +   にくい ~하기 어렵다   =   覚えにくい / 覚えがたい 외우기 어렵다

食べる 먹다   +   にくい ~하기 어렵다   =   食べにくい / 食べがたい 먹기 어렵다

読む 읽다   +   にくい ~하기 어렵다   =   読みにくい / 読みがたい 읽기 어렵다

漢字は 覚えにくい。   한자는 외우기 어렵다.

漢字は 覚えがたい。   한자는 외우기 어렵다.

漢字は 覚えにくかったです。   한자는 외우기 어려웠습니다.

2. サンドイッチは 食べやすいです。

~やすい 문형은 '~하기 쉽다'라는 뜻을 가지고 있습니다. 보통 모든 각 그룹 동사의 ます형에 연결됩니다. 여기에 쓰인 やすい 역시 앞에서 배운 にくい와 같이 반드시 히라가나로 표기해야 합니다.

■ 食べる 먹다   +   やすい ~하기 쉽다   =   食べやすい 먹기 쉽다

書く 쓰다   +   やすい ~하기 쉽다   =   書きやすい 쓰기 쉽다

読む 읽다   +   やすい ~하기 쉽다   =   読みやすい 읽기 쉽다

サンドイッチは 食べやすい。   샌드위치는 먹기 쉽다.

サンドイッチは 食べやすかったです。   샌드위치는 먹기 쉬웠습니다.

>>> ~たり ~たり する ~하거나 ~하거나 하다

歌を 歌ったり お酒を 飲んだり します。
노래를 부르거나 술을 마시거나 합니다.

夜は 家で メールを チェックしたり 友だちに
電話を かけたり します。
밤에는 집에서 메일을 체크하거나 친구에게 전화를 걸거나 합니다.

1. 歌を 歌ったり お酒を 飲んだり します。

~たり ~たり する문형은 '~하거나 ~하거나 한다' 라는 뜻을 가지고 있습니다. 모든 각 그룹 동사의 연용형에 연결되며, 어미가 ん으로 바뀌는 동사의 경우에는 たり가 아니라 だり가 됩니다.

■ 歌う 노래부르다   +   たり する ~하거나 한다   =   歌ったり する 노래부르거나 한다

   飲む 마시다   +   たり する ~하거나 한다   =   飲んだり する 마시거나 한다

歌を 歌ったり お酒を 飲んだり する。   노래를 부르거나 술을 마시거나 한다.

歌を 歌ったり お酒を 飲んだり します。   노래를 부르거나 술을 마시거나 합니다.

2. 夜は 家で メールを チェックしたり 友だちに 電話を かけたり します。

위의 예문에 나온 チェックする는 3그룹 동사이며, かける는 2그룹 동사입니다.

■ チェックする 체크하다 + たり する ~하거나 한다 = チェックしたり する 체크하거나 한다

   かける 걸다   + たり する ~하거나 한다 = かけたり する 걸거나 한다

メールを チェックしたり 友だちに 電話を かけたり する。
메일을 체크하거나 친구에게 전화를 걸거나 한다.

メールを チェックしたり 友だちに 電話を かけたり します。
메일을 체크하거나 친구에게 전화를 걸거나 합니다.

>>> ～と いう ～라는

「라면」は 日本語[に ほん ご]で「ラーメン」と いいます。
라면은 일본어로 라-멘(ラーメン)이라고 합니다.

人生[じんせい]と いうのは～。
인생이란~.

1. 「라면」は 日本語で「ラーメン」と いいます。

～という 문형은 '～라고 한다'의 뜻을 가지고 있습니다. 보통 ～と いいます와 같이 ます를 붙인 형태로 많이 쓰이며 '～라고 합니다'란 뜻입니다. と 앞에는 동사, 명사, い형용사, な형용사 모두 연결될 수 있으며, 보통 기본형으로 옵니다. ～と いう는 보통 앞에 주격 조사인 が와 함께 쓰여서 '～은 ～라고 한다'는 정의나 개념을 나타내는 역할을 합니다.

■ 「라면」は 日本語[に ほん ご]で「ラーメン」と いう。
  라면은 일본어로 라-멘(ラーメン)이라고 한다.

■ 「불고기」は 日本語[に ほん ご]で「ブルコギ」と いいます。
  불고기는 일본어로 부루코기(ブルコギ)라고 합니다.

2. 人生と いうのは～。

～と いうのは 문형은 '～이란, ～란 것은'이란 뜻을 가지고 있습니다. 보통 앞에 명사가 오는 경우가 많습니다. 독특한 형식의 문형이므로 잘 알아 둡시다. 참고로, 회화체에서는 이 ～と いうのは 대신에 간단하게 줄여서 ～って를 많이 쓰고 있습니다.

■ 人生[じんせい]と いうのは～。　　　　　인생이란~

  人生[じんせい]って。　　　　　　　　　인생이란. (회화체)

track 42

1

山田 　昨日（きのう）は 家（うち）で 何（なに）を しましたか。

李 　　部屋（へや）を 掃除（そうじ）したり、服（ふく）を 洗濯（せんたく）したり しました。

山田 　それから。

李 　　夜（よる）、友（とも）だちに 会（あ）って お酒（さけ）を 飲（の）みました。

야마다　어젠 집에서 무엇을 했나요?
이　　　방 청소를 하거나 옷을 세탁하거나 했습니다.
야마다　그러고나서는요?
이　　　밤에 친구를 만나서 술을 마셨습니다.

- 昨日（きのう） 어제
- 部屋（へや） 방
- 服（ふく） 옷
- それから 그러고나서
- 友（とも）だち 친구
- お酒（さけ） 술

- ～で ～에서
- 掃除（そうじ）する 청소하다
- 洗濯（せんたく）する 세탁하다, 빨래하다
- 夜（よる） 밤
- ～に 会（あ）う ～을(를) 만나다
- 飲（の）む 마시다

2

李　　山田さん、それは　何^{なん}ですか。

山田　　これは　おぞうにです。

　　　日本^{にほん}では　お正月^{しょうがつ}に　なると　食^たべるんです。

李　　ああ、韓国^{かんこく}にも　そういう　食^たべ物^{もの}が　あります。

　　　韓国語^{かんこくご}で　「トックッ」と　いうんです。

이　　　야마다 씨, 그것은 무엇입니까?
야마다　이것은 오조니입니다.
　　　　일본에서는 정월이 되면 먹습니다.
이　　　아, 한국에도 그러한 먹는 것이 있습니다.
　　　　한국어로 '떡국' 이라고 합니다.

- おぞうに　오조니 (일본식 떡국)
- ～に なると　～이(가) 되면
- 韓国(かんこく)　한국
- そういう　그러한
- 韓国語(かんこくご)　한국어
- トックッ　떡국
- お正月(しょうがつ)　정월, 설날
- ～んです　～(인) 것입니다, ～(하는) 것입니다
- ～にも　～에도
- 食(た)べ物(もの)　먹거리, 음식
- ～で　～로
- ～と いう　～라고 하다

ひよこが 病気に なって 死んで しまった。
병아리가 병에 걸려 죽어 버렸다.

フランス語は 難しくて 勉強しにくい。
프랑스어는 어려워서 공부하기 어렵다.

◉ ～て しまう ~해 버리다

～て しまう는 회화체 표현으로 두 가지 형태가 있습니다. 어미가 ぬ・む・ぶ로 끝나는 동사는 ～て しまう와 연결할 때 연용형이어야 하므로 어미가 ん으로 바뀌는 것과 마찬가지로 ～んで しまう가 됩니다. 이러한 동사는 회화체 표현에서도 ～ちゃう가 아니라 ～じゃう가 됩니다.

▶ 死ぬ → 死んで しまう → 死んで しまった → 死んで しまいます(ました)
　죽다　　死んじゃう　　　死んじゃった　　　死んじゃいます(ました)
　　　　　죽어 버리다　　　죽어 버렸다　　　　죽어 버립니다(버렸습니다)

▶ 読む → 読んで しまう → 読んで しまった → 読んで しまいます(ました)
　읽다　　読んじゃう　　　読んじゃった　　　読んじゃいます(ました)
　　　　　읽어 버리다　　　읽어 버렸다　　　　읽어 버립니다(버렸습니다)

▶ 遊ぶ → 遊んで しまう → 遊んで しまった → 遊んで しまいます(ました)
　놀다　　遊んじゃう　　　遊んじゃった　　　遊んじゃいます(ました)
　　　　　놀아 버리다　　　놀아 버렸다　　　　놀아 버립니다(버렸습니다)

◉ ～にくい ~하기 어렵다

이미 설명한 대로, ～にくい는 ～がたい와 뜻이 같으며, ～やすい는 '~하기 쉽다' 라는 뜻으로서 뜻이 반대입니다. ～にくい의 여러가지 활용 형태에 대해 공부해 봅시다.

▶ 勉強する 공부하다 + にくい ~하기 어렵다 = 勉強しにくい 공부하기 어렵다

　勉強しにくい → 勉強しにくかった → 勉強しにくく ない
　공부하기 어렵다　　공부하기 어려웠다　　　공부하기 어렵지 않다

　勉強しやすい → 勉強しやすかった → 勉強しやすく ない
　공부하기 쉽다　　　공부하기 쉬웠다　　　　공부하기 쉽지 않다

週末には 大掃除をしたり 本を 読んだり する。
しゅうまつ　おおそうじ　　　　　　　　ほん　よ

주말에는 대청소를 하거나 책을 읽거나 한다.

しゃぶしゃぶと いうのは 日本の 食べ物です。
にほん　た　もの

샤브샤브라는 것은 일본의 음식입니다.

단어 노트

- 週末(しゅうまつ) 주말
- 大掃除(おおそうじ) 대청소
- しゃぶしゃぶ 샤브샤브
- 食(た)べ物(もの) 음식

◎ **〜たり 〜たり する** ~하거나 ~하거나 한다

여기에서 쓰인 〜たり는 앞에 오게 되는 동사의 어미에 따라 〜だり가 되기도 합니다. 〜だり가 되는 동사는 어미가 ぬ·む·ぶ로 끝나는 동사의 경우입니다. 위의 예문에서 쓰인 동사의 연결 방법을 예문을 통해 공부해 봅시다.

▶ 大掃除を する → 大掃除を したり する。　대청소를 하거나 한다.
おおそうじ　　　　おおそうじ
대청소를 하다　　　大掃除を したり します。　대청소를 하거나 합니다.
大掃除を したり しました。대청소를 하거나 했습니다.

▶ 本を 読む → 本を 読んだり する。　책을 읽거나 한다.
ほん　よ　　　ほん　よ
책을 읽다　　　本を 読んだり します。　책을 읽거나 합니다.
本を 読んだり しました。　책을 읽거나 했습니다.

◎ **〜と いうのは** ~라는 것은

보통 〜と いうのは 앞에는 설명하고자 하는 대상이 옵니다. 또한, 앞에서 설명한 대로 회화체 표현으로는 〜って라고 하며, 이 표현 역시 많이 쓰이는 표현이므로 잘 알아 둡시다.

▶ しゃぶしゃぶと いうのは 日本の 食べ物です。〈문어체〉
にほん　た　もの
샤브샤브라는 것은 일본의 음식입니다.

▶ しゃぶしゃぶって 日本の 食べ物です。〈회화체〉
にほん　た　もの
샤브샤브라는 것은 일본의 음식입니다.

문형 연습

1

ひよこが 病気に なって 死んで しまった。
병아리가 병이 들어서 죽어 버렸다.

フランス語は 難しくて 勉強しにくい。
프랑스어는 어려워서 공부하기 어렵다.

1. ～て しまう ~해 버리다

❶ 豚(ぶた)　　　돼지　　　❷ 牛(うし)　　소
❸ 鶏(にわとり)　　닭

2. ～にくい ~하기 어렵다

❶ 法律(ほうりつ)の 勉強(べんきょう)　법률공부　❷ 中国語(ちゅうごくご)　중국어
❸ 医学(いがく)の 勉強(べんきょう)　　의학공부

2

週末には 大掃除を したり 本を 読んだり する。
주말에는 대청소를 하거나 책을 읽거나 한다.

しゃぶしゃぶと いうのは 日本の 食べ物です。
샤브샤브라는 것은 일본의 음식입니다.

1. ～たり ～たり する ~하거나 ~하거나 한다

❶ 散歩(さんぽ) / 漫画(まんが)　　　산책 / 만화
❷ 外食(がいしょく) / 新聞(しんぶん)　외식 / 신문
❸ 洗濯(せんたく) / 小説(しょうせつ)　세탁 / 소설

2. ～と いうのは ~라는 것은

❶ お寿司(すし)　　스시(초밥)　　❷ すき焼(や)き　　스키야키(고기 전골)
❸ どんぶり　　　돈부리(덮밥)

1 다음 문장을 해석하세요.

(1) 彼との 約束を 忘れて しまいました。

　➡ _____

(2) サンドイッチは 食べやすいです。

　➡ _____

2 다음 문장의 밑줄 친 부분을 올바른 형태로 바꾸세요.

(1) 友だちに 電話を かけるたり します。

　➡ _____

(2) 週末には 大掃除を するたり 本を 読むだり する。

　➡ _____

3 다음 우리말 문장을 일본어로 쓰세요.

(1) 한자는 외우기 어렵습니다.

　➡ _____

(2) 노래를 부르거나 술을 마시거나 합니다.

　➡ _____

---

1 (1) 그와의 약속을 잊어버렸습니다.　　(2) 샌드위치는 먹기 쉽습니다.
2 (1) かけ　　　　　　　　　　　　(2) し, 読(よ)ん
3 (1) 漢字(かんじ)は 覚(おぼ)えにくいです。
　　(2) 歌(うた)を 歌(うた)ったり お酒(さけ)を 飲(の)んだり します。

UNIT 12

私は 友だちに 本を あげました。
나는 친구에게 책을 주었습니다.

- あげる・くれる・もらう
- ～て あげる － (내가 남에게) ～해 주다
- ～て くれる － (남이 나에게) ～해 주다
- ～て もらう － (남으로부터) ～해 받다

>>> あげる・くれる・もらう

わたし　とも　　　ほん
私は 友だちに 本を あげました。
나는 친구에게 책을 주었습니다.

とも　　　わたし　ほん
友はちは 私に 本を くれました。
친구는 나에게 책을 주었습니다.

わたし　とも　　　ほん
私は 友だちに 本を もらいました。
나는 친구에게 책을 받았습니다.

필수
표현
01

1. 私は 友だちに 本を あげました。

あげる의 뜻은 '(내가 남에게) 주다' 입니다. 보통 말하는 사람보다 나이나 위치가 높은 사람에게 쓰지만, 요즘은 나이가 같은 친구 사이에서도 쓰이고 있습니다.

■ あげる 주다 → あげた 주었다 → あげます 줍니다 → あげました 주었습니다

わたし　とも　　　ほん
私は 友だちに 本を あげた。　　　　　나는 친구에게 책을 주었다.

2. 友だちは 私に 本を くれました。

くれる의 뜻은 '(남이 나에게) 주다' 입니다. 보통 뭔가를 주는 상대방이 말하는 사람보다 나이나 위치가 높은 사람에게 쓰지만, 요즈음은 나이가 같은 친구 사이에서도 많이 쓰입니다. くれる보다 더 공손한 표현은 くださる로서, 격식을 차린 자리에서 손윗사람으로부터 뭔가를 받게 되었을 때 씁니다.

■ くれる 주다 → くれた 주었다 → くれます 줍니다 → くれました 주었습니다

とも　　　わたし　ほん
友だちは 私に 本を くれた。　　　　　친구는 나에게 책을 주었다.

3. 私は 友だちに 本を もらいました。

もらう는 '(내가 남으로부터) 받다' 입니다. 남으로부터 뭔가를 받는 것 자체는 くれる와 같지만, 의미상 조금 다릅니다. くれる의 주체는 뭔가를 주는 상대방이고, もらう는 상대방이 뭔가를 주어서 받게 되는 본인이 주체가 됩니다. 보통 もらう는 뭔가를 주는 상대방이 말하는 사람보다 나이나 위치가 높은 사람에게 쓰지만, 요즘은 나이가 같은 친구 사이에서도 많이 쓰입니다.

■ もらう 받다 → もらった 받았다 → もらいます 받습니다 → もらいました 받았습니다

わたし　とも　　　ほん
私は 友だちに 本を もらった。　　　　나는 친구에게 책을 받았다.

>>> ～て あげる (내가 남에게) ～해 주다

私は 友だちに 本を 買って あげました。
나는 친구에게 책을 사 주었습니다.

私は 中村さんに スパゲッティを 作って あげました。
나는 나카무라 씨에게 스파게티를 만들어 주었습니다.

1. 私は 友だちに 本を 買って あげました。

～て あげる의 뜻은 '(내가 남에게) ～해 주다' 입니다. て 앞에는 모든 각 그룹의 동사가 올 수 있으며, 음편형으로 연결됩니다. 買(か)う는 1그룹 동사이므로 어미 う를 빼고 って가 됩니다.

～て あげる보다 좀 더 정중한 표현으로서 ～て さしあげる(～해 드리다)란 표현도 있습니다.

■ 買う ＋ ～て あげる ＝ 買って あげる / 買って さしあげる
　 사다 　　　 ～해 주다 　　　 사 주다 　　　 사 드리다

私は 友だちに 本を 買って あげた。　　　 나는 친구에게 책을 사 주었다.

私は 友だちに 本を 買って あげました。　　나는 친구에게 책을 사 주었습니다.

私は 先生に 本を 買って さしあげました。　나는 선생님에게 책을 사 드렸습니다.

2. 私は 中村さんに スパゲッティを 作って あげました。

예문에 쓰인 作(つく)る 역시 1그룹 동사이므로 어미 る를 빼고 って를 붙이면 됩니다.

■ 作る ＋ ～て あげる ＝ 作って あげる / 作って さしあげる
　 만들다 　 ～해 주다 　　　 만들어 주다 　　만들어 드리다

私は 中村さんに スパゲッティを 作って あげた。
나는 나카무라 씨에게 스파게티를 만들어 주었다.

私は 中村さんに スパゲッティを 作って あげました。
나는 나카무라 씨에게 스파게티를 만들어 주었습니다.

私は 先生に スパゲッティを 作って さしあげました。
나는 선생님에게 스파게티를 만들어 드렸습니다.

〉〉〉 ~て くれる (남이 나에게) ~해 주다

父は 私に 本を 買って くれました。
아버지는 나에게 책을 사 주었습니다.

山本は 私に 写真を 撮って くれました。
야마모토는 나에게 사진을 찍어 주었습니다.

1. 父は 私に 本を 買って くれました。

~て くれる의 뜻은 '(남이 나에게) ~해 주다' 입니다. て 앞에는 모든 각 그룹의 동사가 올 수 있으며, 음편형으로 연결됩니다. 예문에 나온 買(か)う는 1그룹 동사이므로 어미 う를 빼고 って가 됩니다.

くれる보다 좀 더 정중한 표현으로 ~て くださる(~해 주시다)란 표현도 있습니다.

■ 買う   +   ~て くれる   =   買って くれる / 買って くださる
  사다   ~해 주다   사 주다   사 주시다

父は 私に 本を 買って くれた。   아버지는 나에게 책을 사 주었다.

父は 私に 本を 買って くれました。   아버지는 나에게 책을 사 주었습니다.

先生は 私に 本を 買って くださいました。   선생님은 나에게 책을 사 주셨습니다.

2. 山本は 私に 写真を 撮って くれました。

예문에 쓰인 撮(と)る 역시 1그룹 동사이므로 어미 る를 빼고 って를 붙이면 됩니다.

■ 撮る   +   ~て くれる   =   撮って くれる / 撮って くださる
  (사진을) 찍다   ~해 주다   (사진을) 찍어 주다 (사진을) 찍어 주시다

山本は 私に 写真を 撮って くれた。   야마모토는 나에게 사진을 찍어 주었다.

山本は 私に 写真を 撮って くれました。   야마모토는 나에게 사진을 찍어 주었습니다.

木村さんは 私に 写真を 撮って くださいました。 기무라 씨는 나에게 사진을 찍어 주셨습니다.

>>> ~て もらう (남으로부터) ~해 받다

私<ruby>わたし</ruby>は 父<ruby>ちち</ruby>に 本<ruby>ほん</ruby>を 買<ruby>か</ruby>って もらいました。

나는 아버지에게 책을 사서 받았습니다. (아버지는 나에게 책을 사 주었습니다.)

私<ruby>わたし</ruby>は 山本<ruby>やまもと</ruby>に 写真<ruby>しゃしん</ruby>を 撮<ruby>と</ruby>って もらいました。

나는 야마모토에게 사진을 찍어 받았습니다. (야마모토는 나에게 사진을 찍어 주었습니다.)

1. 私は 父に 本を 買って もらいました。

~て もらう의 뜻은 '(남으로부터) ~해 받다' 입니다. て 앞에는 모든 각 그룹의 동사가 올 수 있으며, 음편형으로 연결됩니다. 예문에 나온 買(か)う는 1그룹 동사이므로 어미 う를 빼고 って가 됩니다.

~て もらう보다 좀 더 정중한 표현으로 ~て いただく(~해 받다)란 표현도 있습니다.

■ 買う   +   ~て もらう   =   買って もらう / 買って いただく
   사다   ~해 받다(주다)   사 받다(주다)   사 받다(주시다)

私は 父に 本を 買って もらった。

나는 아버지에게 책을 사서 받았다.(아버지는 나에게 책을 사 주었다.)

私は 父に 本を 買って もらいました。

나는 아버지에게 책을 사서 받았습니다.(아버지는 나에게 책을 사 주었습니다.)

私は 先生に 本を 買って いただきました。

나는 선생님에게 책을 사서 받았습니다.(선생님은 나에게 책을 사 주셨습니다.)

2. 私は 山本に 写真を 撮って もらいました。

예문에 쓰인 撮(と)る 역시 1그룹 동사이므로 어미 る를 빼고 って를 붙이면 됩니다.

■ 撮る   +   ~て もらう   =   撮って もらう / 撮って いただく
   찍다   ~해 받다(주다)   찍어 받다(주다)   찍어 받다(주시다)

私は 山本に 写真を 撮って もらった。

나는 야마모토에게 사진을 찍어 받았다.(야마모토는 나에게 사진을 찍어 주었다.)

私は 山本に 写真を 撮って もらいました。

나는 야마모토에게 사진을 찍어 받았습니다.(야마모토는 나에게 사진을 찍어 주었습니다.)

私は 木村さんに 写真を 撮って いただきました。

나는 기무라 씨에게 사진을 찍어 받았습니다.(기무라 씨는 나에게 사진을 찍어 주셨습니다.)

🎧 track 46

1

李 　山田さんは 料理が 上手ですか。

山田 　上手じゃ なくて 好きです。

李 　何が 得意ですか。

山田 　スパゲッティです。

　　　今度 李さんに 作って あげますね。

이 　　야마다 씨는 요리를 잘하시나요?
야마다 　잘하진 못하고 좋아합니다.
이 　　무엇을 잘합니까?
야마다 　스파게티입니다.
　　　　다음에 이 씨에게 만들어 드리겠습니다.

- 料理(りょうり) 요리
- ～じゃ なくて ～이 아니고, ～이 아니라
- 得意(とくい)だ 잘한다
- 今度(こんど) 이번
- 上手(じょうず)だ 잘한다, 능숙하다
- 好(す)きだ 좋아하다
- スパゲッティ 스파게티
- 作(つく)る 만들다

2

李　この スカーフ、きれいですね。

　　だれかに 買^かって もらいましたか。

山田　はい、プレゼントで 友^{とも}だちに 買^かって もらいました。

李　うらやましいですね。

이　　이 스카프 예쁘네요.
　　　누구한테 받았습니까?
야마다　예, 선물로 친구한테 받았습니다.
이　　부럽네요.

- スカーフ　스카프
- ～ですね　～이군요
- 買(か)う　사다
- ～で　～으로

- きれいだ　예쁘다, 깨끗하다
- だれかに　누군가에게
- プレゼント　선물
- うらやましい　부럽다

私は 弟に お菓子を あげました。
나는 남동생에게 과자를 주었습니다.

私は 妹に 日本語を 教えて あげました。
나는 여동생에게 일본어를 가르쳐 주었습니다.

단어 노트

- 弟(おとうと) 남동생
- お菓子(かし) 과자
- 妹(いもうと) 여동생
- 教(おし)える
  가르치다
- 猿(さる) 원숭이
- バナナ 바나나
- 花(はな) 꽃
- 水(みず) 물
- 入(い)れる 넣다

◉ **あげる** (내가 남에게) 주다

내가 남에게 뭔가를 주는 경우에 쓰는 동사가 **あげる**인데, 이것보다 좀 가벼운 느낌의 동사가 바로 **やる**입니다. 보통 말하는 사람보다 나이가 어린 사람에게 쓰고, 동물이나 식물에게도 씁니다.

▶ 猿に バナナを やる。　　　　　　원숭이에게 바나나를 주다.
　 猿に バナナを やった。　　　　　원숭이에게 바나나를 주었다.
　 猿に バナナを やります。　　　　원숭이에게 바나나를 줍니다.
　 猿に バナナを やりました。　　　원숭이에게 바나나를 주었습니다.

◉ **〜て あげる** (내가 남에게) ~해 주다

앞에 동사의 음편형과 연결되어 내가 남에게 뭔가를 해 주는 경우에 쓰는 문형입니다. 이 문형에도 **やる** 동사가 있습니다. 연결 방법도 같아서 동사의 음편형에 **〜て やる**를 붙이면 됩니다.

▶ 花に 水を 入れて やらない。　　　꽃에 물을 넣어 주지 않는다.
　 花に 水を 入れて やらなかった。　꽃에 물을 넣어 주지 않았다.
　 花に 水を 入れて やりません。　　꽃에 물을 넣어 주지 않습니다.
　 花に 水を 入れて やりませんでした。　꽃에 물을 넣어 주지 않았습니다.

父は 私に 自転車の 乗り方を 教えて くれました。
ちち わたし じてんしゃ の かた おし
아버지는 나에게 자전거 타는 법을 가르쳐 주었습니다.

私は 田中さんから インターネットに ついて
わたし たなか

教えて もらいました。
おし
나는 다나카 씨로부터 인터넷에 대하여 가르쳐 받았습니다.
(다나카 씨가 나에게 인터넷에 대하여 가르쳐 주었습니다.)

단어 노트

· 自転車(じてんしゃ)
  자전거
· 乗(の)り方(かた)
  타는 법(방법)
· インターネット
  인터넷
· ~に ついて
  ~에 대하여

◉ **~て くれる** (남이 나에게) ~해 주다

~て くれる 문형은 좀 더 정중하게 표현하고자 하면 ~て くださる라고 합니다. 이 문형은 '~해 주세요'라는 뜻을 가지고 있지만, 상대방에게 뭔가를 권유하거나 부탁하는 표현도 만들 수 있습니다.

▶ 父は 私に 自転車の 乗り方を 教えて くれました。
  ちち わたし じてんしゃ の かた おし
  아버지는 나에게 자전거 타는 법을 가르쳐 주었습니다.

教えて くださいました。	가르쳐 주셨습니다.
教えて くれますか。	가르쳐 주겠습니까? (권유)
教えて くれませんか。	가르쳐 줄 수 없습니까? (권유)
教えて くださいますか。	가르쳐 주시겠습니까? (권유)
教えて くださいませんか。	가르쳐 주실 수 없습니까? (권유)

◉ **~て もらう** (남으로부터 내가) ~해 받다 / (남이 나에게) ~해 주다

~て もらう 문형 역시 좀 더 정중하게 표현하고자 하면 ~て いただく라고 합니다. 이 문형은 '~해 주시다'라는 뜻을 가지고 있지만, 상대방에게 뭔가를 권유하는 표현도 만들 수 있습니다.

▶ 私は 田中さんから インターネットに ついて 教えて もらいました。
  わたし たなか おし
  나는 다나카 씨로부터 인터넷에 대하여 가르쳐 받았습니다.

教えて いただきました。	가르쳐 받았습니다. / 가르쳐 주셨습니다.
教えて もらいますか。	가르쳐 주겠습니까? (권유)
教えて もらいませんか。	가르쳐 줄 수 없습니까? (권유)
教えて いただきますか。	가르쳐 주시겠습니까? (권유)
教えて いただきませんか。	가르쳐 주실 수 없습니까? (권유)

169

문형 연습

1

私は 弟に お菓子を あげました。
わたし　おとうと　　かし

나는 남동생에게 과자를 주었습니다.

私は 妹に 日本語を 教えて あげました。
わたし　いもうと　にほんご　　おし

나는 여동생에게 일본어를 가르쳐 주었습니다.

1. あげる (내가 남에게) 주다

❶ おもちゃ　장난감　　　　❷ 絵本(えほん)　그림책
❸ あめ玉(だま)　사탕

2. ～て あげる (내가 남에게) ～해 주다

❶ 生(い)け花(ばな)　꽃꽂이　　❷ 水泳(すいえい)　수영
❸ 美術(びじゅつ)　미술

2

父は 私に 自転車の 乗り方を 教えて くれました。
ちち　わたし　じてんしゃ　の　かた　おし

아버지는 나에게 자전거 타는 법을 가르쳐 주었습니다.

私は 田中さんから インターネットに ついて 教えて
わたし　たなか　　　　　　　　　　　　　　　　　おし
もらいました。 다나카 씨가 나에게 인터넷에 대하여 가르쳐 주었습니다.

1. ～て くれる (남이 나에게) ～해 주다

❶ ひらがなの 書(か)き方(かた)　히라가나 쓰는 법
❷ サッカー　축구　　　　❸ 中国語(ちゅうごくご)　중국어

2. ～て もらう (남으로부터 내가) ～해 받다 / (남이 나에게) ～해 주다

❶ 日本料理(にほんりょうり)　일본요리　❷ 野球(やきゅう)　야구
❸ カメラ　카메라

1 다음 문장을 해석하세요.

(1) 私は 友だちに 本を 買って あげました。
<わたし> <とも> <ほん> <か>

➡ _____

(2) 山本は 私に 写真を 撮って くれました。
<やまもと> <わたし> <しゃしん> <と>

➡ _____

2 다음 문장의 밑줄친 부분을 보기에서 고르세요.

> 보기
> くれました　　もらいました　　あげました

(1) 私は 友だちに 本を(주었습니다)。
<わたし> <とも> <ほん>

➡ 私は 友だちに 本を _____。

(2) 私は 友だちに 本を(받았습니다)。

➡ 私は 友だちに 本を _____。

(3) 友だちが 私に 本を(주었습니다)。

➡ 友だちが 私に 本を _____。

3 다음 우리말 문장을 일본어로 쓰세요.

(1) 아버지는 나에게 책을 사 주었습니다.

➡ _____

(2) 나는 아버지에게 책을 사서 받았습니다. (아버지는 나에게 책을 사 주었습니다.)

➡ _____

---

1 (1) 나는 친구에게 책을 사 주었습니다.　　(2) 야마모토는 나에게 사진을 찍어 주었습니다.
2 (1) あげました　　(2) もらいました　　(3) くれました
3 (1) 父(ちち)は 私(わたし)に 本(ほん)を 買(か)って くれました。
　　(2) 私(わたし)は 父(ちち)に 本(ほん)を 買(か)って もらいました。

UNIT 13

外は 雨が
降りそうです。
밖에는 비가 오는 것 같습니다.

■ そうだ (~인듯 하다 / ~라고 한다)
■ ようだ (~인것 같다)
■ ~らしい (~인것 같다)
■ ~みたいだ / ~ぽい (~인것 같다)

>>> そうだ ~인 듯 하다 / ~라고 한다

필수
표현
01

外は 雨が 降りそうです。
밖에는 비가 오는 것 같습니다.

あしたは 雨が 降るそうです。
내일은 비가 온다고 합니다.

1. 外は 雨が 降りそうです。

여기에서 쓰인 そうだ는 '~인 것 같다, ~할 것 같다'의 뜻이며, 어떠한 모양이나 상태가 그렇게 될 것 같이 생각된다는 의미를 갖고 있습니다. 이 そうだ는 모든 각 그룹 동사의 ます형에 연결됩니다.

- 降る　＋　そうだ　＝　降りそうだ / 降りそうです / 降りそうでは ない
  내리다　　~할 것 같다　　내릴 것 같다　　내릴 것 같습니다　　내릴 것 같지 않다

- 来る　＋　そうだ　＝　来そうだ / 来そうです / 来そうでは ない
  오다　　~할 것 같다　　올 것 같다　　올 것 같습니다　　올 것 같지 않다

外は 雨が 降りそうです。　　밖에는 비가 오는 것 같습니다.
外は 雨が 降りそうでは ないです。　밖에는 비가 오는 것 같지 않습니다.

2. あしたは 雨が 降るそうです。

여기에서 쓰인 そうだ는 '~라고 한다'의 뜻이며, 타인으로부터 전해 들어서 안다는 의미를 갖고 있습니다. 이 そうだ는 모든 각 그룹 동사의 기본형에 연결됩니다.

- 降る　＋　そうだ　＝　降るそうだ / 降るそうです / 降らないそうだ
  내리다　　~라고 한다　　내린다고 한다　　내린다고 합니다　　내리지 않는다고 한다

- 来る　＋　そうだ　＝　来るそうだ / 来るそうです / 来ないそうだ
  오다　　~라고 한다　　온다고 한다　　온다고 합니다　　오지 않는다고 합니다

あしたは 雨が 降るそうです。　　내일은 비가 온다고 합니다.
あしたは 雨が 降らないそうです。　내일은 비가 오지 않는다고 합니다.

》》 ようだ ~인 것 같다

山田さんは まだ 寝て いるようです。
야마다 씨는 아직 자고 있는 것 같습니다.

彼女は とても かわいくて、まるで 花のようです。
그녀는 너무 예뻐서, 마치 꽃과 같습니다.

1. 山田さんは まだ 寝て いるようです。

이 예문에 쓰인 **ようだ**는 '~인 것 같다, ~인 듯 하다'의 뜻이며, 어떠한 상황이나 상태에 대한 불확실한 단정을 나타냅니다. 이 **ようだ**는 모든 각 그룹 동사의 모든 활용형에 연결될 수 있습니다.

■ 山田さんは まだ 寝て いる**ようだ**。　　　야마다 씨는 아직 자고 있는 것 같다.

山田さんは まだ 寝て いる**ようです**。　　야마다 씨는 아직 자고 있는 것 같습니다.

山田さんは 寝て いない**ようだ**。　　　야마다 씨는 자고 있지 않는 것 같다.

山田さんは 寝て いた**ようだ**。　　　　야마다 씨는 자고 있었던 것 같다.

2. 彼女は とても かわいくて、まるで 花のようです。

이 예문에 쓰인 **ようだ**는 '~와 같다'의 뜻이며, 어떠한 목적물을 두고 비슷한 다른 사물을 빗대어 표현하는 비유문형입니다. 이 **ようだ**는 보통 **まるで**와 함께 **まるで + 명사 + のようだ**의 형태로 많이 쓰입니다. **ようだ** 앞에 명사가 올 경우에는 명사 다음에 **の**를 붙인 후 **ようだ**를 씁니다.

■ 彼女は とても かわいくて、まるで 花の**ようだ**。
그녀는 너무 예뻐서, 마치 꽃과 같다.

彼女は とても かわいくて、まるで 花の**ようです**。
그녀는 너무 예뻐서, 마치 꽃과 같습니다.

彼女は とても かわいくて、まるで 花の**ようでした**。
그녀는 너무 예뻐서, 마치 꽃과 같았습니다.

〉〉〉 らしい ~인 것 같다

もうすぐ 会議が 始まるらしいです。
곧 회의가 시작될 것 같습니다.

金君は 考えが 外国人らしいです。
김 군은 생각이 외국인 같습니다.

1. もうすぐ 会議が 始まるらしいです。

이 예문에 쓰인 らしい는 조동사로서 '~일 것 같다, ~할 것 같다'의 뜻이며, 어떠한 상황을 두고 추측하여 단정하는 문형입니다. 이 らしい는 동사, い형용사, な형용사, 명사의 모든 품사와 연결할 수 있습니다. 활용형 또한 모든 형태가 가능합니다.

■ 始まる (동사) + らしい = 始まるらしい / 始まったらしい / 始まらないらしい
　시작되다　　　　　 ~일 것 같다　시작될 것 같다　　시작되었던 것 같다　　시작되지 않는 것 같다

■ 寒い (い형용사) + らしい = 寒いらしい / 寒かったらしい / 寒くないらしい
　춥다　　　　　　　 ~일 것 같다　추울 것 같다　　추웠던 것 같다　　춥지 않은 것 같다

■ 犬 (명사)　　 + らしい = 犬らしい / 犬だったらしい / 犬ではないらしい
　개　　　　　　　　 ~인 것 같다　개인 것 같다　　개였던 것 같다　　개가 아닌 것 같다

2. 金君は 考えが 外国人らしいです。

이 예문에 쓰인 らしい는 접미어로서 '~답다, ~스럽다'의 뜻이며, 명사 뒤에 らしい를 써서 품사가 형용사로 된 것입니다. 이 접미어의 らしい에는 조동사 らしい와 같은 추측의 의미는 없습니다. 또한, 부사로도 쓸 수 있어서 어미 い가 く로 바뀌어 뒤에 오는 동사를 꾸미는 역할을 하게 됩니다.

■ 金君は 考えが 外国人らしい。　　　　　김 군은 생각이 외국인 같다.
　 金君は 考えが 外国人らしく ない。　　 김 군은 생각이 외국인 같지 않다.

　 金君は 考えが 外国人らしいです。　　　김 군은 생각이 외국인 같습니다.
　 金君は 外国人らしく 考えます。　　　　김 군은 외국인스럽게 생각합니다.

〉〉〉 ～みたいだ・～ぽい ～ 인 것 같다

この 温泉は 有名みたいです。

이 온천은 유명한 것 같습니다.

彼女は 男っぽいです。

그녀는 남자 같습니다.

1. この 温泉は 有名みたいです。

이 예문에 쓰인 みたい는 '～인(일) 것 같다, ～한(할) 것 같다'의 뜻이며, 어떠한 모양이나 상태를 두고 그럴 듯한 모양임을 나타내거나 불확실한 단정을 나타내는 문형입니다. 이 ようだ는 동사, い형용사, た형용사 모두 연결할 수 있습니다.

- 始まる (동사) ＋ みたい ＝ 始まるみたい / 始まったみたい / 始まらないみたい
  시작되다 ～일 것 같다 시작될 것 같다 시작되었던 것 같다 시작되지 않는 것 같다

- 有名だ (な형용사) ＋ みたい ＝ 有名みたい / 有名だったみたい / 有名ではないみたい
  유명하다 ～일 것 같다 유명한 것 같다 유명했던 것 같다 유명하지 않은 것 같다

- 犬 (명사) ＋ みたい ＝ 犬みたい / 犬だったみたい / 犬ではないみたい
  개 ～인 것 같다 개인 것 같다 개였던 것 같다 개가 아닌 것 같다

2. 彼女は 男っぽいです。

이 예문에 쓰인 ぽい 역시 みたい와 같이 '～같다'의 뜻이며, 보통 눈으로 보이는 형태를 두고 쓰는 문형입니다. 이 ぽい는 강조하여 쓰는 경우에는 ぽい 앞에 작은 っ를 붙여서 ～っぽい라고 하기도 합니다. 그리고 연결될 수 있는 품사는 명사뿐입니다.

- 花 ＋ ぽい ＝ 花ぽい / 花っぽい / 花っぽく ない / 花っぽく なかった
  꽃 ～같다 꽃 같다 꽃 같다 꽃 같지 않다 꽃 같지 않았다

- 彼女は 男っぽい。　　　　　　　　그녀는 남자 같다.

  彼女は 男っぽいです。　　　　　　그녀는 남자 같습니다.

  彼女は 男っぽく ない。　　　　　그녀는 남자 같지 않다.

  彼女は 男っぽく なかった。　　　그녀는 남자 같지 않았다.

  彼女は 男っぽく なかったです。　그녀는 남자 같지 않았습니다.

🎧 track 50

1

李　雨が 降りそうですね。

山田　天気予報に よると 午後からは 雨だそうです。

李　午後 出かけようと 思いましたが。

山田　じゃ、かさ 持って 行きなさいよ。

이	비가 올 것 같은데요.
야마다	일기예보에 의하면 오후부터 비가 온다고 합니다.
이	오후에 외출하려고 생각했었는데.
야마다	그럼, 우산 가지고 가세요.

 단 어

- 雨(あめ)　비
- 天気予報(てんきよほう)　일기예보
- 午後(ごご)　오후
- 出(で)かける　외출하다, 나가다
- かさ　우산
- ～なさい　～하세요

- 降(ふ)る　내리다
- ～に よると　～에 의하면
- ～からは　～부터는
- ～ようと 思(おも)う　～하려고 생각하다
- 持(も)つ　가지다, 들다

178

2

李　金さんの しゃべる、日本語 聞いた こと ありますか。

山田　ええ、あります。

　　　日本語が 上手で まるで 日本人みたいです。

李　専攻は コンピューターのことだと 聞きましたが。

山田　日本語は 学院に 通って 一人で 勉強したそうです。

이	김씨가 말하는 일본어, 들은 적 있습니까?
야마다	예, 있습니다.
	일본어를 잘해서 마치 일본인 같아요.
이	전공은 컴퓨터 쪽이라고 들었는데.
야마다	일본어는 학원을 다니며 혼자서 공부했다고 합니다.

- しゃべる　떠들다, 이야기하다, 수다 떨다
- まるで　마치
- コンピューター　컴퓨터
- ～と 聞(き)く　～라고 듣다
- ～に 通(かよ)う　～에 다니다
- 勉強(べんきょう)　공부

- 上手(じょうず)だ　잘한다, 능숙하다
- 専攻(せんこう)　전공
- ～の ことだ　～(에 관한) 것이다
- 学院(がくいん)　학원
- 一人(ひとり)で　혼자서

あの 寿司(すし)は 本当(ほんとう)に おいしそうです。
저 초밥은 정말 맛있을 것 같습니다.

あの 車(くるま)は 本当(ほんとう)に 安全(あんぜん)だそうです。
저 자동차는 정말 안전하다고 합니다.

· 寿司(すし) 초밥
· 本当(ほんとう)に
  정말로
· 安全(あんぜん)だ
  안전하다

◉ ～そうだ　～일 것 같다 / ～할 것 같다 (추측 표현)

이 そうだ는 앞에 동사의 ます형, い형용사와 な형용사의 어간이 오게 됩니다. 이 예문에 나온 おいしい는 い형용사이므로 어미 い를 빼고 そうだ에 연결됩니다. 또한, い형용사의 부정형에는 어떻게 연결되는지 아래의 예문을 통해 공부해 봅시다. いい는 よさそうだ, ない는 なさそうだ가 됨에 주의하길 바랍니다.

▶ おいしい　　　＋　そうだ　＝　おいしそうだ　／　おいしそうです
　 맛있다　　　　　　～일 것 같다　　맛있을 것 같다　　　맛있을 것 같습니다

▶ おいしく ない　＋　そうだ　＝　おいしく なさそうだ ／ おいしく なさそうです
　 맛있지 않다　　　　～일 것 같다　맛있지 않을 것 같다　　　맛있지 않을 것 같습니다

◉ ～そうだ　　～라고 한다 (전문 표현)

이 そうだ는 앞에 동사, い형용사와 な형용사의 기본형이 오게 됩니다. 이 예문에 나온 安全(あんぜん)だ는 な형용사이므로 어미 だ 뒤에 바로 そうだ를 붙이면 됩니다. 또한, な형용사의 부정형에는 어떻게 연결되는지 아래의 예문을 통해 공부해 봅시다.

▶ 安全(あんぜん)だ　　　＋　そうだ　＝　安全(あんぜん)だそうだ ／ 安全(あんぜん)だそうです
　 안전하다　　　　　　～라고 한다　　안전하다고 한다　　안전하다고 합니다

▶ 安全(あんぜん)では ない　＋　そうだ　＝　安全(あんぜん)では ないそうだ ／ 安全(あんぜん)では ないそうです
　 안전하지 않다　　　　～라고 한다　안전하지 않다고 한다　　　안전하지 않다고 합니다

初恋の 彼と 出会って まるで 夢のようです。
はつこい かれ であ ゆめ

첫사랑의 그와 만나서 마치 꿈과 같습니다.

一人で 全部 食べて しまったらしいです。
ひとり ぜんぶ た

혼자서 전부 먹어 버린 것 같습니다.

단어 노트

- 初恋(はつこい)
  첫사랑
- ～と 出会(であ)う
  ～와 만나다
- 夢(ゆめ) 꿈
- 一人(ひとり)で
  혼자서
- 全部(ぜんぶ) 전부

◉ ～のようだ ～인 것 같다 / ～한 것 같다

명사 뒤에 ようだ가 오려면 ようだ를 붙이기 전에 の를 붙여야 합니다. 그리고 ようだ 뒤에 명사가 올 경우에는 어미 だ를 な로 바꾸어 ような 뒤에 명사를 붙여야 합니다. ようだ 뒤에 동사가 올 경우에는 어미 だ를 に로 바꾸어 ように 뒤에 동사를 붙여야 합니다. 아래의 예문을 통해 공부해 봅시다.

▶ まるで 夢のようだ。 마치 꿈과 같다.
　　ゆめ

　 まるで 夢のような 出会い。 마치 꿈과 같은 만남.
　　ゆめ であ

　 まるで 夢のように 出会った。 마치 꿈 같이 만났다.
　　ゆめ であ

◉ ～らしい ～일 것 같다 / ～할 것 같다

이 らしい 표현은 みたい와도 매우 비슷합니다. 뜻도 거의 같고, 활용 방법이나 연결 방법도 모두 같습니다. らしい와 みたい 모두 모든 품사에 연결될 수 있습니다. 아래의 예문을 통해 공부해 봅시다.

▶ 食べた ＋ らしい ＝ 食べたらしい
　　た 　　　　　　　　　　　 　た
　 먹었다 　 みたい ＝ 食べたみたい
　　　　　　 ～일 것 같다 　 먹은 것 같다

▶ 食べなかった ＋ らしい ＝ 食べなかったらしい
　　た 　　　　　　　　　　　　　　 　た
　 먹지 않았다 　 みたい ＝ 食べなかったみたい
　　　　　　　　 ～일 것 같다 　 먹지 않은 것 같다

문형 연습

1

あの 寿司(すし)は 本当(ほんとう)に おいしそうです。
저 초밥은 정말 맛있을 것 같습니다.

あの 車(くるま)は 本当(ほんとう)に 安全(あんぜん)だそうです。
저 자동차는 정말 안전하다고 합니다.

1. ～そうだ ~일 것 같다 / ~할 것 같다

❶ 高(たか)い　비싸다　　　❷ まずい　맛이 없다
❸ 辛(から)い　맵다

2. ～そうだ ~ 라고 한다

❶ 高価(こうか)だ　값이 비싸다 / 고가이다　❷ 丈夫(じょうぶ)だ　튼튼하다
❸ 素敵(すてき)だ　멋지다

2

初恋(はつこい)の 彼(かれ)と 出会(であ)って まるで 夢(ゆめ)のようです。
첫사랑의 그와 만나서 마치 꿈인 것 같다.

一人(ひとり)で 全部(ぜんぶ) 食(た)べて しまったらしいです。
혼자서 전부 먹어 버린 것 같습니다.

1. ～のようだ ~인 것 같다

❶ 幼(おさな)なじみ　소꿉친구　　　❷ 芸能人(げいのうじん)　연예인
❸ 大統領(だいとうりょう)　대통령

2. ～らしい ~인 것 같다

❶ 飲(の)む　마시다　　　❷ 持(も)つ　가지다 / 들다
❸ 話(はな)す　이야기하다

1 다음 문장을 해석하세요.

(1) 彼女は とても かわいくて、まるで 花のようです。
かのじょ　　　　　　　　　　　　　　　　　　　　　　はな

　　➡ _____

(2) この 温泉は 有名みたいです。
　　　おんせん　ゆうめい

　　➡ _____

2 다음 보기 중에서 골라 문장을 바르게 완성하세요.

보기	
降(ふ)り	降(ふ)る

(1) 外は 雨が _____ そうです。
　　そと　あめ
　　밖은 비가 내리는 것 같습니다.

(2) あしたは 雨が _____ そうです。
　　내일은 비가 온다고 합니다.

3 다음 우리말 문장을 일본어로 쓰세요.

(1) 야마다 씨는 아직 자고 있는 것 같습니다.

　　➡ _____

(2) 김 군은 생각이 외국인 같습니다.

　　➡ _____

---

1 (1) 그녀는 너무 예뻐서, 마치 꽃과 같습니다.　　(2) 이 온천은 유명한 것 같습니다.
2 (1) 降(ふ)り　　(2) 降(ふ)る
3 (1) 山田(やまだ)さんは まだ 寝(ね)て いる ようです。
　　(2) 金君(くん)は 考(かんが)えが 外国人らしいです。

UNIT 14

私は 毎日
会社へ 行きます。
나는 매일 회사에 갑니다.

- 조사 정리 (が・に・の・を・で)
- 조사 정리 (は・へ・と・や・も)
- 접속 조사 (대등・병렬)
- 접속 조사 (순접・역접)

>>> 조사 정리 (が・に・の・を・で)

필수 표현 01

先生_{せんせい}が 教室_{きょうしつ}に 入_{はい}ります。
선생님이 교실에 들어옵니다.

友_{とも}だちの ノートを 借_かりました。
친구의 노트를 빌렸습니다.

家_{うち}で 勉強_{べんきょう}しましょう。
집에서 공부합시다.

が	• 주어를 나타내는 주격 조사로서, 뜻은 '~이, ~가' 입니다.
	目(め)が きれいだ。 눈이 예쁘다.
	風(かぜ)が 吹(ふ)く。 바람이 불다.
に	• 장소를 나타내는 격조사로서, 뜻은 '~에' 입니다.
	海(うみ)に 近(ちか)い。 바다에 가깝다.
	駅(えき)に 着(つ)く。 역에 도착하다.
の	• 뒤에 오는 명사를 수식하는 역할을 하는 격조사입니다. 뜻은 '~의' 라고 하지만, 우리말에서는 해석하지 않는 경우가 많습니다.
	学校(がっこう)の 図書館(としょかん)。 학교(의) 도서관.
	あなたの 家(いえ)。 당신(의) 집.
を	• 동작의 목적을 나타내는 목적격 조사로서, 뜻은 '~을, ~를' 입니다.
	空(そら)を 飛(と)ぶ。 하늘을 날다.
	道(みち)を 歩(ある)く。 길을 걷다.
で	• 장소를 나타내는 격조사로서, 뜻은 '~에서' 입니다.
	公園(こうえん)で 遊(あそ)ぶ。 공원에서 놀다.
	銀行(ぎんこう)で 働(はたら)く。 은행에서 일하다.
	이외에도 で는 수단이나 방법, 그리고 원인이나 이유를 나타내기도 합니다. 뜻은 2가지 모두 '~으로' 입니다.
	えんぴつで 書(か)く。 연필로 쓰다. (수단 / 방법)
	病気(びょうき)で 欠席(けっせき)した。 병으로(아파서) 결석했다. (원인 / 이유)

>>> 조사 정리 (は・へ・と・や・も)

私は 毎日 会社へ 行きます。
わたし　まいにち　かいしゃ　い
나는 매일 회사에 갑니다.

友だちと いっしょに デジカメや ケイタイを 買いました。
とも　　　　　　　　　　　　　　　　　　　　　か
친구와 함께 디지털카메라랑 휴대폰을 샀습니다.

父も 母も 家に いません。
ちち　はは　いえ
아버지도 어머니도 집에 없습니다.

は	• 주어를 나타내는 부조사입니다. 뜻은 '~은, ~는' 이며, 조사로 쓰일 때의 발음은 [ha] 가 아니라 [wa]라고 해야 합니다.	
	外(そと)は 静(しず)かだ。	바깥은 조용하다.
へ	• 방향이나 장소를 나타내는 조사입니다. 뜻은 '~에, ~으로' 이며, 조사로 쓰일 때의 발음은 [he]가 아니라 [e]라고 해야 합니다.	
	大学(だいがく)へ 入学(にゅうがく)する。	대학에 입학하다.
	部屋(へや)へ 戻(もど)る。	방으로 돌아가다.
と	• 보통 と 뒤에 いっしょに를 함께 써서 공동의 뜻을 가지고 있는 조사로서, 뜻은 '~와, ~과' 입니다.	
	友(とも)だちと けんかする。	친구와 싸우다.
	兄(あに)と いっしょに 出(で)かける。	형과 함께 외출하다.
	• 이외에도 と는 대상의 의미도 가지고 있습니다.	
	彼女(かのじょ)と 結婚(けっこん)する。	그녀와 결혼하다.
	先生(せんせい)と 話(はな)す。	선생님과 이야기하다.
や	• 병렬의 뜻을 가지고 있는 조사로서, 뜻은 '~랑, ~이며' 입니다.	
	英語(えいご)や 日本語(にほんご)が 上手(じょうず)だ。	영어랑 일본어가 능숙하다.
	みかんや ぶどうが 好(す)きだ。	귤이랑 포도를 좋아한다.
も	• 어떤 사실에 대해 같은 것이 또 있음을 나타내는 조사로서, 뜻은 '~도' 입니다.	
	りんごも 食(た)べた。	사과도 먹었다.
	• 이외에도 も는 강조의 의미도 가지고 있으며, 뜻은 '~나, ~이나' 입니다.	
	小説(しょうせつ)を 三冊(さんさつ)も 読(よ)んだ。	소설을 3권이나 읽었다.
	10時間(じゅうじかん)も 寝(ね)て しまった。	10시간이나 자 버렸다.

>>> **접속 조사 (대등 · 병렬)**

彼は ハンサムだし、マナーも いいです。

그는 잘 생기고, 매너도 좋습니다.

テレビを 見ながら コーヒーを 飲んで います。

텔레비전을 보면서 커피를 마시고 있습니다.

1. 彼は ハンサムだし、マナーも いいです。

접속 조사 し는, 두 가지 상황을 대등하게 열거하는 경우에 쓰이며 뜻은 '~하고, ~한데다가' 입니다.
또한, 이 し는 모든 품사에 연결될 수 있으며, 모든 활용 형태에도 연결될 수 있습니다.

■ 彼は ハンサムだ + マナーも いい → 彼は ハンサムだし、マナーも いい。
　그는 잘 생기다　　　매너도 좋다　　　그는 잘 생기고, 매너도 좋다.

■ 勉強も できる + 運動も できる → 勉強も できるし、運動も できる。
　공부도 잘 한다　　　운동도 잘 한다　　　공부도 잘 하고, 운동도 잘 한다.

2. テレビを 見ながら コーヒーを 飲んで います。

접속 조사 ながら는, 두 가지 동작을 동시에 진행하는 경우에 쓰이며 뜻은 '~하면서' 입니다. 또한,
이 ながら는 동사의 ます형에 연결됩니다.

■ テレビを 見る + コーヒーを 飲む → テレビを 見ながら コーヒーを 飲む。
　텔레비전을 보다　　커피를 마시다　　　텔레비전을 보면서 커피를 마시다.

■ 道を 歩く + 本を 歩む → 道を 歩きながら 本を 読む。
　길을 걷다　　　책을 읽다　　　길을 걸으면서 책을 읽다.

>>> 접속 조사 (순접 · 역접)

私_{わたし}は 日本語_{にほんご}が わかりません。 ですから、 韓国語_{かんこくご}で 話_{はな}し
てください。

나는 일본어를 모릅니다. 그러니까, 한국어로 말해 주세요.

車_{くるま}が ほしいです。 けれども、 お金_{かね}が ありません。

자동차를 갖고 싶습니다. 그렇지만, 돈이 없습니다.

1. 私は 日本語が わかりません。ですから、韓国語で 話して ください。

접속 조사 ですから는 '그러므로, 그러니까' 입니다. 회화체에서는 だから라고 하며, 독립적으로 쓰지 않고, 앞의 문장에 연결시키려면 앞 문장 뒤에 から만 붙이면 됩니다. 뜻은 '~하니까, ~하므로' 입니다.

- 日本語_{にほんご}が わかりません。　　┌ ですから、 韓国語_{かんこくご}で 話_{はな}して ください。
  일본어를 모릅니다.　　　　　　　└ だから、 韓国語で 話して ください。
  　　　　　　　　　　　　　　　　그러니까, 한국어로 말해 주세요.

- → 日本語が わかりませんから、 韓国語で 話して ください。
  일본어를 모르니까, 한국어로 말해 주세요.

2. 車が ほしいです。 けれども、 お金が ありません。

접속 조사 けれども는 '그렇지만, 그러나' 입니다. 회화체에서는 けれど 또는 けど라고 하며, 독립적으로 쓰지 않고 앞의 문장에 연결시키려면 앞 문장 뒤에 が만 붙이면 됩니다. 뜻은 '~하지만' 입니다.

- 車_{くるま}が ほしいです。　　　┌ けれども、 お金_{かね}が ありません。
  자동차를 갖고 싶습니다.　　├ けれど、 お金が ありません。
  　　　　　　　　　　　　　└ けど、 お金が ありません。
  　　　　　　　　　　　　　　그렇지만, 돈이 없습니다.

- → 車が ほしいですが、 お金が ありません。
  자동차를 갖고 싶습니다만, 돈이 없습니다.

생생 토크

track 54

1

李　　いらっしゃいませ。

山田　メニューを　お願(ねが)いします。

李　　何(なに)に　なさいますか。

山田　牛(ぎゅう)どん　ください。

이　　　어서 오세요.
야마다　메뉴 좀 보여 주세요.
이　　　무엇으로 하시겠습니까?
야마다　소고기덮밥 주세요.

 단 어

- いらっしゃいませ　어서 오십시오
- メニュー　메뉴
- 牛(ぎゅう)どん　소고기 덮밥
- お願(ねが)いします　부탁합니다, 부탁드립니다. 원형은 願(ねが)우이다.
- 何(なに)に　무엇으로
- なさる　하시다(する의 높임말)

2

李 きのう だれに 会(あ)いましたか。

山田 いま 付(つ)き合(あ)って いる 彼氏(かれし)。

李 へえ、知(し)らなかったです。その 人(ひと) どうですか。

山田 彼(かれ)は ハンサムだし、マナーも いいです。

이	어제 누구를 만났습니까?
야마다	지금 사귀고 있는 남자요.
이	네? 몰랐어요. 그 사람 어때요?
야마다	그는 잘 생기고, 매너도 좋아요.

 단 어

- きのう 어제
- 会(あ)う 만나다
- 彼氏(かれし) 남자친구
- どうですか 어떻습니까?
- ～し ～하고, ～한데다가

- だれ 누구
- 付(つ)き合(あ)う 사귀다
- 知(し)る 알다
- ハンサムだ 잘 생겼다
- マナー 매너

毎朝(まいあさ) 運動(うんどう)を しに 行(い)きます。

매일 아침 운동을 하러 갑니다.

あの 白(しろ)い 車(くるま)が 私(わたし)のです。

저 하얀 자동차가 내 것입니다.

단어 노트

- 毎朝(まいあさ)
  매일 아침
- 運動(うんどう) 운동
- 白(しろ)い 하얗다
- 車(くるま) 자동차
- 雑誌(ざっし) 잡지
- 荷物(にもつ) 짐
- どの 어느
- ペン 펜

に ～하러 (동작의 목적)

조사 に에는 여러 가지 쓰임이 있습니다. 그 중에서 위의 예문에 쓰인 に는 동작의 목적을 나타냅니다. 이 때 に 뒤에는 동작 동사인 行(い)く, 来(く)る, 帰(かえ)る, 戻(もど)る 등이 오게 됩니다.

▶ ～に 行(い)く → 運動(うんどう)を しに 行(い)く。　운동을 하러 가다.
　～하러 가다　　　　運動を しに 行きます。　운동을 하러 갑니다.

▶ ～に 来(く)る/ 帰(かえ)る → ごはんを 食(た)べに 来(く)る / 帰(かえ)る。
　～하러 오다 / 돌아오다　　밥을 먹으러 오다 / 돌아오다.
　　　　　　　　　　　　　ごはんを 食べに 来ます / 帰ります。
　　　　　　　　　　　　　밥을 먹으러 옵니다 / 돌아옵니다.

▶ ～に 戻(もど)る → 雑誌(ざっし)を 買(か)いに 戻(もど)る。　잡지를 사러 되돌아오다.
　～하러 되돌아오다　　雑誌を 買いに 戻ります。　잡지를 사러 되돌아옵니다.

の ～것 (소유)

필수 표현에서 소개한 조사 の에는 여러 가지 쓰임이 있습니다. 그 중에서 위의 예문에 쓰인 の는 명사를 대신하여 쓰이는 소유의 の입니다. 아래의 예문을 통해 공부해 봅시다.

▶ あの 白(しろ)い 車(くるま)が 私(わたし)のです。　저 하얀 자동차가 내 것입니다.
　→ あの 白い 車が 私の 車です。　저 하얀 자동차가 내 자동차입니다.

▶ この 荷物(にもつ)が 私(わたし)のです。　이 짐이 내 것입니다.
　→ この 荷物が 私の 荷物です。　이 짐이 내 짐입니다.

▶ どの ペンが 先生(せんせい)のですか。　어느 펜이 선생님 것입니까?
　→ どの ペンが 先生の ペンですか。　어느 펜이 선생님 펜입니까?

彼は 頭も いいし、体も 丈夫です。

그는 머리도 좋고, 몸도 튼튼합니다.

おじいさんは 今年で 70歳に なります。

けれども、とても 元気です。

할아버지는 올해로 70세가 됩니다. 그렇지만, 매우 건강합니다.

단어 노트

- 体(からだ) 몸
- おじいさん 할아버지
- 今年(ことし)で
  올해로
- 歳(さい) ~살(세)
- 元気(げんき)だ
  건강하다

● **し** ~하고 / ~하며 (대등의 접속 조사)

두 문장을 대등하게 연결하는 역할을 하는 접속 조사 し 대신에 そして를 쓸 수도 있습니다. そして는 추가 또는 첨가의 의미를 가지고 있으며, 뜻은 '그리고' 입니다. 아래의 예문을 통해 공부해 봅시다.

▶ 頭も いい。 머리도 좋다. ＋ 体も 丈夫だ。 몸도 튼튼하다.

→ 彼は 頭も いいし、体も 丈夫です。
그는 머리도 좋고, 몸도 튼튼합니다.

→ 彼は 頭も いいです。そして、体も 丈夫です。
그는 머리도 좋습니다. 그리고, 몸도 튼튼합니다.

● **けれども** 그렇지만 / 그러나 (역접의 접속 조사)

역접의 의미를 나타내는 접속 조사 けれども는 줄여서 けれど, けど라고도 합니다만, 접속 조사 けれども 대신에 でも 또는 しかし를 쓸 수도 있습니다. 뜻은 '그러나, 하지만' 입니다.

▶ 今年で 70歳に なります。 ＋ とても 元気です。
올해로 70세가 됩니다. 매우 건강합니다.

→ おじいさんは 今年で 70歳に なります。けれども、とても 元気です。
할아버지는 올해로 70세가 됩니다. 그렇지만, 매우 건강합니다.

→ おじいさんは 今年で 70歳に なります。でも、とても 元気です。
할아버지는 올해로 70세가 됩니다. 그러나, 매우 건강합니다.

→ おじいさんは 今年で 70歳に なります。しかし、とても 元気です。
할아버지는 올해로 70세가 됩니다. 하지만, 매우 건강합니다.

문형 연습

1

毎朝 運動を しに 行きます。
<ruby>毎朝<rt>まいあさ</rt></ruby> <ruby>運動<rt>うんどう</rt></ruby>を <ruby>し<rt>い</rt></ruby>に <ruby>行<rt></rt></ruby>きます。
매일 아침 운동을 하러 갑니다.

あの 白い 車が 私のです。
あの <ruby>白<rt>しろ</rt></ruby>い <ruby>車<rt>くるま</rt></ruby>が <ruby>私<rt>わたし</rt></ruby>のです。
저 하얀 자동차가 내 것입니다.

1. に ~하러

❶ 散歩(さんぽ)を する   산책하다   ❷ 花見(はなみ)を する   꽃 구경을 하다
❸ ゴミを 捨(す)てる   쓰레기를 버리다

2. の ~의

❶ シャツ   셔츠   ❷ 靴(くつ)   구두 / 신발
❸ かばん   가방

2

彼は 頭も いいし、体も 丈夫です。
<ruby>彼<rt>かれ</rt></ruby>は <ruby>頭<rt>あたま</rt></ruby>も いいし、<ruby>体<rt>からだ</rt></ruby>も <ruby>丈夫<rt>じょうぶ</rt></ruby>です。
그는 머리도 좋고, 몸도 튼튼합니다.

おじいさんは 今年で 70歳に なります。けれども、
おじいさんは <ruby>今年<rt>ことし</rt></ruby>で <ruby>70歳<rt>ななじっさい</rt></ruby>に なります。けれども、
とても 元気です。 <ruby>元気<rt>げんき</rt></ruby>   할아버지는 올해로 70세가 됩니다. 그렇지만, 매우 건강합니다.

1. し ~하고 / ~하며

❶ 背(せ)も 高(たか)い   키도 크다   ❷ 性格(せいかく)も いい   성격도 좋다
❸ スポーツも 上手(じょうず)だ   스포츠도 잘한다

2. けれども   그렇지만 / 그러나

❶ 病気(びょうき)が ない   병이 없다   ❷ 髪(かみ)の 毛(け)が 多(おお)い   머리숱이 많다
❸ サッカーが 上手(じょうず)だ   축구를 잘한다

1 다음 문장을 해석하세요.

(1) 先生(せんせい)が 教室(きょうしつ)に 入(はい)ります。

➡ _____

(2) 私(わたし)は 毎日(まいにち) 会社(かいしゃ)へ 行(い)きます。

➡ _____

2 다음 밑줄 친 부분을 문장이 완성되도록 올바른 활용 형태를 쓰세요.

(1) 彼(かれ)は ハンサムし、マナーも いいです。

➡ _____

(2) テレビを 見(み)るながら コーヒーを 飲(の)んで います。

➡ _____

3 다음 우리말 문장을 일본어로 쓰세요.

(1) 나는 일본어를 모릅니다. 그러니까, 한국어로 말해 주세요.

➡ _____

(2) 자동차를 갖고 싶습니다. 그렇지만, 돈이 없습니다.

➡ _____

---

1 (1) 선생님이 교실에 들어 갑니다.
　　(2) 나는 매일 회사에 갑니다.
2 (1) ハンサムだし　　(2) 見(み)
3 (1) 私(わたし)は 日本語(にほんご)が わかりません。ですから、韓国語(かんこくご)で 話(はな)して ください。
　　(2) 車(くるま)が ほしいです。けれども、お金(かね)が ありません。

UNIT 15

いつ 日本に
お帰りに
なりますか。

언제 일본으로 돌아가십니까?

■ 존경 표현
　お + に なる
■ 존경 동사
　いらっしゃる・めしあがる・おっしゃる
■ 겸양 표현
　お + する(いたす)
■ 겸양 동사
　まいる・いただく

> **》》 존경 표현 – お + に なる**
>
> その 論文は 木村さんが お書きに なりました。
> 그 논문은 기무라 씨가 쓰셨습니다.
>
> お食べに なりましたら そろそろ 行きましょう。
> 다 드셨으면 슬슬 갑시다.
>
> いつ 日本に お帰りに なりますか。
> 언제 일본으로 돌아가십니까?

필수 표현 01

1. その 論文は 木村さんが お書きに なりました。

존경 표현의 형태는, 동사의 ます형 앞에 お를 붙이고, 동사의 ます형 뒤에 に なる를 붙이면, 뜻은 '~하시다' 입니다. 각 그룹의 동사에 모두 연결될 수 있는데, 書(か)く는 1그룹 동사이므로 ます형인 書(か)きに お와 になる를 붙여서 お書(か)きになる라고 하면 됩니다.

■ その 論文は 木村さんが 書きました。　　　그 논문은 기무라 씨가 썼습니다.

その 論文は 木村さんが お書きに なりました。　그 논문은 기무라 씨가 쓰셨습니다.

2. お食べに なりましたら そろそろ 行きましょう。

食(た)べる는 ます형인 食(た)べに お와 に なる를 붙여서 お食(た)べに なる라고 하면 됩니다.

■ 食べましたら そろそろ 行きましょう。　　　다 먹었으면 슬슬 갑시다.

お食べに なりましたら そろそろ 行きましょう。　다 드셨으면 슬슬 갑시다.

3. いつ 日本に お帰りに なりますか。

帰(かえ)る는 2그룹 동사의 형태이지만 예외 동사이므로, ます형인 帰(かえ)りに お와 に なる를 붙여서 お帰(かえ)りに なる라고 하면 됩니다.

■ いつ 日本に 帰りますか。　　　　언제 일본으로 돌아갑니까?

いつ 日本に お帰りに なりますか。　언제 일본으로 돌아가십니까?

≫≫ 존경 동사 - いらっしゃる・めしあがる・おっしゃる

せんせい なんじ
先生は 何時ごろ いらっしゃいますか。
선생님은 몇 시경에 오십니까?

つまらない ものですが、めしあがって ください。
변변치 못한 음식이지만, 맛있게 드세요.

いま なん
今、何と おっしゃいましたか。
지금, 뭐라고 말씀하셨습니까?

1. 先生は 何時ごろ いらっしゃいますか。

いらっしゃる는 行(い)く, 来(く)る, いる의 존경 동사로 각각 '가시다', '오시다', '계시다'를 나타냅니다.

- 行く 가다 → いらっしゃる 가시다

  せんせい なんじ
  先生は 何時ごろ いらっしゃいますか。　　　　선생님은 몇 시경에 가십니까?

- 来る 오다 → いらっしゃる 오시다

  せんせい なんじ
  先生は 何時ごろ いらっしゃいますか。　　　　선생님은 몇 시경에 오십니까?

2. つまらない ものですが、めしあがって ください。

めしあがる는 食(た)べる와 飲(の)む의 존경 동사입니다. 따라서, めしあがる도 いらっしゃる와 마찬가지로 문장의 흐름에 따라 그 뜻이 달라지므로 잘 알아 두어야 합니다.

- 食べる 먹다 → めしあがる 드시다

  つまらない ものですが、めしあがって ください。　변변치 못한 음식이지만, 맛있게 드세요.

3. 今、何と おっしゃいましたか。

예문에 나온 おっしゃる는 言(い)う의 존경 동사입니다. 즉, '말하다'의 존경어입니다.

- 言う 말하다 → おっしゃる 말씀하시다

  いま なん
  今、何と おっしゃいましたか。　　　　　　　　지금, 뭐라고 말씀하셨습니까?

>>> **겸양 표현 - お + する(いたす)**

私が かばんを お持ちします。
제가 가방을 들어 드리겠습니다.

その 件は こちらから お受けしました。
그 건은 여기에서 접수해 드렸습니다.

どうか よろしく お願いいたします。
아무쪼록 잘 부탁드리겠습니다.

1. 私が かばんを お持ちします。

겸양 표현의 형태는 동사의 ます형 앞에는 お를 붙이고 동사의 ます형 뒤에는 する 또는 いたす를 붙입니다. 예문에 쓰인 持(も)つ는 1그룹 동사이므로 ます형인 持(も)ち에 お와 する를 붙여서 お持(も)ちする가 된 것입니다. 뜻은 '들어 드리다' 가 됩니다.

■ 私が かばんを 持ちます。　　　　　　　　제가 가방을 들겠습니다.
　 私が かばんを お持ちします。　　　　　　제가 가방을 들어 드리겠습니다.
　 私が かばんを お持ちいたします。　　　　제가 가방을 들어 드리겠습니다.

2. その 件は こちらから お受けしました。

受(う)ける는 2그룹 동사이므로 ます형인 受(う)け에 お와 する를 붙여서 お受(う)けする라고 하면 됩니다. 뜻은 '받아들여 드리다', '접수해 드리다' 가 됩니다.

■ その 件は こちらから 受けました。　　　　그 건은 여기에서 접수했습니다.
　 その 件は こちらから お受けしました。　　그 건은 여기에서 접수해 드렸습니다.
　 その 件は こちらから お受けいたしました。　그 건은 여기에서 접수해 드렸습니다.

3. どうか よろしく お願いいたします。

願(ねが)う는 1그룹 동사이므로 ます형인 願(ねが)い에 お와 いたす가 붙어서 お願(ねが)いいたす가 된 것입니다. 뜻은 '부탁드리겠습니다' 인데, 정말 간곡하게 부탁하는 경우에는 いたす를 씁니다.

■ どうか よろしく 願います。　　　　　　　아무쪼록 잘 부탁합니다.
　 どうか よろしく お願いします。　　　　　아무쪼록 잘 부탁드리겠습니다.
　 どうか よろしく お願いいたします。　　　아무쪼록 잘 부탁드리겠습니다.

필수
표현
04

>>> **겸양 동사 －** まいる・いただく

午後 3時頃 担当者が まいります。
오후 3시경에 담당자가 가겠습니다.

おいしい ものを いただいて、ありがとうございます。
맛있는 음식을 주셔서, 고맙습니다.

1. 午後 3時頃 担当者が まいります。

まいる는 行(い)く와 来(く)る의 겸양 동사로 각각 '가드리다', '와 드리다' 가 됩니다만, 문맥상 해석이 이상하므로 그냥 '가다', '오다' 로 하는 것이 자연스럽습니다. 참고로, 예문에 쓰인 まいる는 行(い)く의 겸양 동사입니다.

- 行(い)く 가다 → まいる 가다(겸양)

  午後に 担当者が 行きます。   오후에 담당자가 갑니다.
  午後に 担当者が まいります。   오후에 담당자가 가겠습니다.

- 来(く)る 오다 → まいる 오다(겸양)

  午後に 担当者が 来ます。   오후에 담당자가 옵니다.
  午後に 担当者が まいります。   오후에 담당자가 오겠습니다.

2. おいしい ものを いただいて、ありがとうございます。

いただく는 食(た)べる, 飲(の)む, もらう의 겸양 동사로 각각 '먹어 드리다', '마셔 드리다' 가 되지만, 문맥상 해석이 이상하므로 그냥 '먹다', '마시다', '받다' 로 하는 것이 자연스럽습니다.

- 食(た)べる 먹다 → いただく 먹다(겸양)

  おいしい ものを 食べて、ありがとうございます。   맛있는 음식을 먹게 되어, 고맙습니다.
  おいしい ものを いただいて、ありがとうございます。   맛있는 음식을 주셔서, 고맙습니다.

- 飲(の)む 마시다 → いただく 마시다(겸양)

  おいしい ものを 飲んで、ありがとうございます。   맛있는 음식을 마시게 되어, 고맙습니다.
  おいしい ものを いただいて、ありがとうございます。   맛있는 음식을 주셔서, 고맙습니다.

- もらう 받다 → いただく 받다(겸양)

  おいしい ものを もらって、ありがとうございます。   맛있는 음식을 받아서, 고맙습니다.
  おいしい ものを いただいて、ありがとうございます。   맛있는 음식을 주셔서, 고맙습니다.

 track 58

1

李　いただきます。

山田　お口（くち）に　合（あ）うかな。

李　おいしい　ものを　いただいて、ありがとうございます。

山田　いいえ、お粗末（そまつ）さまです。

이	잘 먹겠습니다.
야마다	입에 맞을지 모르겠습니다.
이	맛있는 것을 주셔서 감사드립니다.
야마다	아니오, 별로 차리지 못했습니다.

 단 어

- いただきます　잘 먹겠습니다
- お口(くち)に 合(あ)う　(음식이) 입에 맞다, 식성에 맞다
- ～かな　～일까, ～할까 (가벼운 추측을 나타내는 표현이다.)
- おいしい　맛있다
- もの　물건, 것 (이 예문에서는 먹을 것, 즉 음식을 뜻하고 있다.)
- ありがとうございます　고맙습니다, 감사합니다
- お粗末(そまつ)さまです　변변치 않은 것입니다, 잘 차리지 못했습니다

2

李　もしもし。山田 課長（かちょう） いらっしゃいますか。

鈴木　いいえ、山田（やまだ）は 今（いま） 外出（がいしゅつ）して おりますが。

李　では、いつ お帰（かえ）りに なりますか。

鈴木　4時（よじ）ごろには 戻（もど）って くると 思（おも）います。

이	여보세요? 야마다 과장님 계십니까?
스즈키	아니오, 야마다 과장님은 지금 외출하고 안 계십니다만.
이	그럼, 언제 돌아오십니까?
스즈키	4시 경에는 돌아올 것입니다.

 단 어

- もしもし　여보세요
- 課長（かちょう）　과장
- いらっしゃる　계시다 (いる의 존경어이다.)
- 外出（がいしゅつ）　외출
- お帰（かえ）りに なる　돌아오시다
- ～ごろ　～경 (보통 앞에 시간이나 때를 나타내는 표현이 오게 된다.)
- 戻（もど）る　되돌아가다, 되돌아오다
- ～と 思（おも）う　～라고 생각한다, ～일 것이다

デパートでは 何_{なに}を お買_かいに なりましたか。

백화점에서는 무엇을 사셨습니까?

もしもし、鈴木_{すずき}さん いらっしゃいますか。

여보세요, 스즈키 씨 계십니까?

단어 노트

- **デパート** 백화점
- **~では** ~에서는
- **買(か)う** 사다
- **もしもし** 여보세요
- **くださる** 주시다
- **贈(おく)り物(もの)** 선물
- **社長(しゃちょう)** 사장님
- **なさる** 하시다
- **パーティー** 파티
- **予約(よやく)** 예약
- **いつ** 언제

◉ **お + に なる**　~하시다 (존경 표현)

앞에서도 설명한 대로 존경 표현은 '~하시다'의 뜻을 가지고 있습니다. 예문에 쓰인 買(か)う는 1그룹 동사이므로 ます형인 買(か)い에 연결됩니다.

▶ デパートでは 何_{なに}を 買_かいましたか。
백화점에서는 무엇을 샀습니까?

デパートでは 何を お買いに なりましたか。
백화점에서는 무엇을 사셨습니까?

◉ **いらっしゃる**　가시다 / 오시다 / 계시다 (존경 동사)

いらっしゃる는 세 가지의 뜻을 가지고 있습니다. 예문에 쓰인 것은 いる(있다)로서, '계시다'의 뜻입니다. いらっしゃる 외에도 존경 동사에는 두 가지가 더 있습니다. 아래의 예문을 통해 공부해 봅시다.

▶ **くれる** (주다) – **くださる** (주시다)

あの 贈_{おく}り物_{もの}は 社長_{しゃちょう}が くださいました。
그 선물은 사장님이 주셨습니다.

▶ **する** (하다) – **なさる** (하시다)

パーティーの 予約_{よやく}は いつ なさいますか。
파티 예약은 언제 하실 겁니까?

よろしかったら、私_{わたし}が お手伝_{てつだ}いします。

괜찮으시다면, 제가 도와드리겠습니다.

すみません、今_{いま}から まいります。

죄송합니다, 지금부터 가겠습니다.

◉ お + する(いたす) 〜해 드리다 (겸양 표현)

앞에서도 설명한 대로 겸양 표현은 '〜해 드리다'의 뜻을 가지고 있습니다. 예문에 쓰인 手伝(てつだ)う는 1그룹 동사이므로 ます형인 手伝(てつだ)い에 연결됩니다.

▶ よろしかったら、私_{わたし}が お手伝_{てつだ}います。　　괜찮으시다면, 제가 돕겠습니다.
　 よろしかったら、私が お手伝いします。　　괜찮으시다면, 제가 도와드리겠습니다.
　 よろしかったら、私が お手伝いいたします。　괜찮으시다면, 제가 도와드리겠습니다.

◉ まいる 가다 / 오다 (겸양 동사)

자연스러운 문맥이 되려면 형태는 겸양 동사라고 하더라도 우리말 해석은 ます형의 해석 그대로 하는 것이 좋습니다. まいる 외에도 겸양 동사에는 아래의 두 가지가 더 있습니다.

▶ いる 있다 – おる 있다 (말하는 사람의 입장)

　 言_いわなくても、もう 分_わかって おります。
　 말하지 않아도, 이미 알고 있습니다.

　 ＊ 상대방이 말해 주지 않아도, 이미 본인은 알고 있다는 사실을 말합니다. 보통 상대방이 말하는 사람보다 연상이거나 사회적 신분이 높은 사람일 경우에 자신을 낮추기 위하여 いる 대신에 おる를 쓴 것입니다.

▶ する 하다 – いたす 하다 (말하는 사람의 행동)

　 今回_{こんかい}の 発表_{はっぴょう}は 私_{わたし}から いたします。
　 이번 발표는 저부터 하겠습니다.

　 ＊ 사람들 앞에서 본인이 하고자 하는 행동을 나타내는 문장이므로, 자신을 낮추기 위하여 する 대신에 いたす를 쓴 것입니다.

문형 연습

1

デパートでは 何_{なに}を お買_かいに なりましたか。
백화점에서는 무엇을 사셨습니까?

もしもし、鈴木_{すずき}さん いらっしゃいますか。
여보세요, 스즈키 씨 계십니까?

1. お + に なる ～하시다

❶ スーパー　슈퍼마켓　　　　❷ 免税店(めんぜいてん)　면세점

❸ 八百屋(やおや)　야채가게

2. いらっしゃる 가시다 / 오시다 / 계시다

❶ 山田(やまだ)先生(せんせい)　야마다 선생님

❷ 中村(なかむら)部長(ぶちょう)　나카무라 부장(님)

❸ 林(はやし)専務(せんむ)　하야시 전무(님)

2

よろしかったら、私_{わたし}が お手伝_{てつだ}いします。
괜찮으시다면, 제가 도와드리겠습니다.

すみません、今_{いま}から まいります。
죄송합니다, 지금부터 가겠습니다.

1. お + する(いたす) ～해 드리다

❶ 待(ま)つ　기다리다　　　　❷ 書(か)く　쓰다

❸ 持(も)つ　들다

2. まいる 가다 / 오다 (말하는 사람의 행동)

❶ 仕事(しごと)が 終(お)わったら 일을 끝내고　　　❷ 夜(よる)に なったら 밤이 되면

❸ 両親(りょうしん)と 一緒(いっしょ)に　부모님과 함께

1 다음 문장을 해석하세요.

(1) どうか よろしく お願(ねが)いいたします。

　➡ _____

(2) その 論文(ろんぶん)は 木村(きむら)さんが お書(か)きに なりました。

　➡ _____

2 다음 동사의 존경 동사와 겸양 동사를 바르게 쓰세요.

	존경 동사	겸양 동사
(1) 行(い)く　―	_____	_____
(2) 食(た)べる　―	_____	_____
(3) する　―	_____	_____

3 다음 우리말 문장을 일본어로 쓰세요.

(1) 언제 일본에 돌아가십니까?

　➡ _____

(2) 제가 가방을 들어 드리겠습니다.

　➡ _____

1 (1) 아무쪼록 잘 부탁드립니다.
　　(2) 그 논문은 기무라 씨가 쓰셨습니다.
2 (1) いらっしゃる, まいる　　(2) めしあがる, いただく　　(3) なさる, いたす
3 (1) いつ 日本(にほん)に お帰(かえ)りに なりますか。
　　(2) 私(わたし)が かばんを お持(も)ちします。

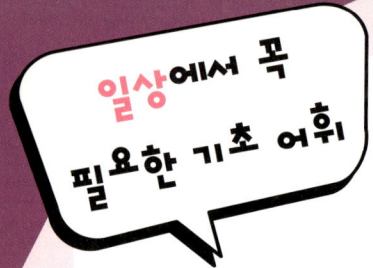
1	一(いち)	60	六十(ろくじゅう)
2	二(に)	70	七十(ななじゅう)
3	三(さん)	80	八十(はちじゅう)
4	四(よん・し)	90	九十(きゅうじゅう)
5	五(ご)	100	百(ひゃく)
6	六(ろく)	200	二百(にひゃく)
7	七(なな・しち)	300	三百(さんびゃく)
8	八(はち)	400	四百(よんひゃく)
9	九(きゅう・く)	500	五百(ごひゃく)
10	十(じゅう)	600	六百(ろっぴゃく)
11	十一(じゅういち)	700	七百(ななひゃく)
12	十二(じゅうに)	800	八百(はっぴゃく)
13	十三(じゅうさん)	900	九百(きゅうひゃく)
14	十四(じゅうよん・じゅうし)	1000	千(せん)
15	十五(じゅうご)	2000	二千(にせん)
16	十六(じゅうろく)	3000	三千(さんぜん)
17	十七(じゅうなな・じゅうしち)	4000	四千(よんせん)
18	十八(じゅうはち)	5000	五千(ごせん)
19	十九(じゅうきゅう・じゅうく)	6000	六千(ろくせん)
20	二十(にじゅう)	7000	七千(ななせん)
30	三十(さんじゅう)	8000	八千(はっせん)
40	四十(よんじゅう)	9000	九千(きゅうせん)
50	五十(ごじゅう)	10000	一万(いちまん)

■■■ 여러나라 국기

한국 韓国(かんこく)

일본 日本(にほん)

중국 中国(ちゅうごく)

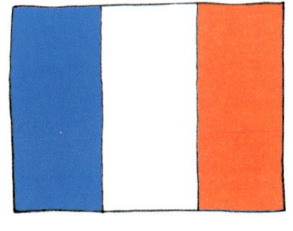

미국 アメリカ

캐나다 カナダ

영국 イギリス

프랑스 フランス

독일 ドイツ

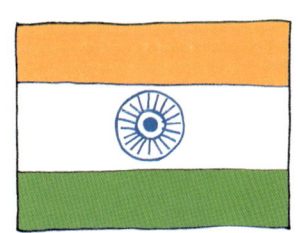

인도 インド

스페인 スペイン

말레이시아 マレ─シア

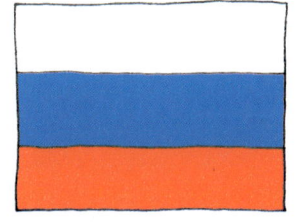

러시아 ロシア

■■■ 단위를 나타내는 조수사

	人(にん) ~명 (사람을 셀 때)	匹(ひき) ~마리(작은 동물 이나 물고기 등을 셀 때)	頭(とう) ~마리(소, 말 등 큰 동물을 셀 때)	枚(まい) ~장(종이, 접시, 지폐 등을 셀 때)	本(ほん) ~자루 / 병(연필, 우산 등을 셀 때)
1	ひとり	いっぴき	いっとう	いちまい	いっぽん
2	ふたり	にひき	にとう	にまい	にほん
3	さんにん	さんびき	さんとう	さんまい	さんぼん
4	よにん	よんひき	よんとう	よんまい	よんほん
5	ごにん	ごひき	ごとう	ごまい	ごほん
6	ろくにん	ろっぴき	ろくとう	ろくまい	ろっぽん
7	ななにん	ななひき	ななとう	ななきい	ななほん
8	はちにん	はっぴき	はっとう	はちまい	はっぽん
9	きゅうにん	きゅうひき	きゅうとう	きゅうまい	きゅうほん
10	じゅうにん	じゅっぴき	じゅっとう	じゅうまい	じ(ゅ)っぽん
なん	なんにん 몇 명	なんびき 몇 마리	なんとう 몇 마리	なんまい 몇 장	なんぼん 몇 자루/병

예 **ねこ** 네꼬 고양이
いぬ 이누 개
さら 사라 접시
かさ 카사 우산

さかな 사까나 생선
ふうとう 후—또— 봉투
かみ 카미 종이
びん 빙 병

	冊(さつ) ~권(책, 노트 등 을 셀 때)	階(かい) ~층(건물의 층을 셀 때)	足(そく) ~켤레(구두, 양말 등을 셀 때)	回(かい) ~번/ ~회	軒(けん) ~채 (집을 셀 때)
1	いっさつ	いっかい	いっそく	いっかい	いっけん
2	にさつ	にかい	にそく	にかい	にけん
3	さんさつ	さんがい	さんぞく	さんかい	さんげん
4	よんさつ	よんかい	よんそく	よんかい	よんけん
5	ごさつ	ごかい	ごそく	ごかい	ごけん
6	ろくさつ	ろっかい	ろくそく	ろっかい	ろっけん
7	ななさつ	ななかい	ななそく	ななかい	ななけん
8	はっさつ	はっかい	はっそく	はっかい	はっけん
9	きゅうさつ	きゅうかい	きゅうそく	きゅうかい	きゅうけん
10	じゅっさつ	じゅっかい	じゅっそく	じゅっかい	じゅっけん
なん	なんさつ 몇 권	なんがい 몇 층	なんぞく 몇 켤레	なんかい 몇 번	なんけん 몇 채

예 ノート　노-또　노트　　　　　くつした　쿠쯔시따　양말
ほん　홍　책　　　　　　　　　くつ　　쿠쯔　구두

■■■ 가족 명칭 (일본에서는 자기 가족을 남에게 말할 때에는 낮추어 얘기한다.)

	할아버지	할머니	외할아버지	외할머니
나의 가족	祖父(そふ)	祖母(そぼ)	外祖父(がいそふ)	外祖母(がいそぼ)
남의 가족	おじいさん	おばあさん	おじいさん	おばあさん

	아버지	어머니
나의 가족	父(ちち)	母(はは)
남의 가족	お父(とう)さん	お母(かあ)さん

	남동생	형, 오빠	나	누나, 언니	여동생
나의 가족	弟(おとうと)	兄(あに)	私(わたし)	姉(あね)	妹(いもうと)
남의 가족	弟(おとうと)さん	お兄(にい)さん		お姉(ねえ)さん	妹(いもうと)さん

■■■ 직업

警察官(けいさつかん)
경찰관

教師(きょうし)
교사

看護婦(かんごふ)
간호사

消防士(しょうぼうし)
소방관

歌手(かしゅ)
가수

作家(さっか)
작가

技術者(ぎじゅつしゃ)
기술자

アンカー
앵커

映画監督(えいがかんとく)
영화감독

料理師(りょうりし)
요리사

美容師(びようし)
미용사

科学者(かがくしゃ)
과학자

農夫(のうふ)
농부

医者(いしゃ)
의사

軍人(ぐんじん)
군인

公務員(こうむいん)
공무원

■■■ 음식

麺(めん)
국수

ミルク
우유

ケーキ
케이크

アイスクリーム
아이스크림

ハム
햄

ソーセージ
소시지

チーズ
치즈

ビスケット
비스킷

ガム
껌

ハンバーガー
햄버거

クッキー
쿠키

さけ
연어

パン
빵

ホットドッグ
핫도그

ドーナツ
도넛

ピザ
피자

キャンディー
캔디

ヨーグルト
요구르트

かき
굴

牛肉(ぎゅうにく)
쇠고기

豚肉(ぶたにく)
돼지고기

예 レモン	레몬	バナナ	바나나
チキン	치킨	ラーメン	라면
菓子(かし)	과자	ケチャップ	케첩

ミルク
우유

オレンジジュース
오렌지 주스

茶(ちゃ)
차(녹차)

キーウィジュース
키위 쥬스

ミルクセーキ
밀크 셰이크

コーラ
콜라

紅茶(こうちゃ)
홍차

ジャスミンティー
쟈스민 차

コーヒー
커피

■■■ 집 안의 가전도구

冷蔵庫(れいぞうこ)
냉장고

洗濯機(せんたくき)
세탁기

掃除機(そうじき)
청소기

テレビ
텔레비전

電気釜(でんきがま)
전기밥솥

アイロン
다리미

ヘアドライヤー
헤어드라이어

扇風機(せんぷうき)
선풍기

デジカメ
디지털 카메라

고통 수단

バス
버스

地下鉄(ちかてつ)
지하철

車(くるま)
차(자동차)

タクシー
택시

自転車(じてんしゃ)
자전거

オートバイ
오토바이

飛行機(ひこうき)
비행기

ヘリコプター
헬리콥터

ジェット機(き)
제트기

船(ふね)
배

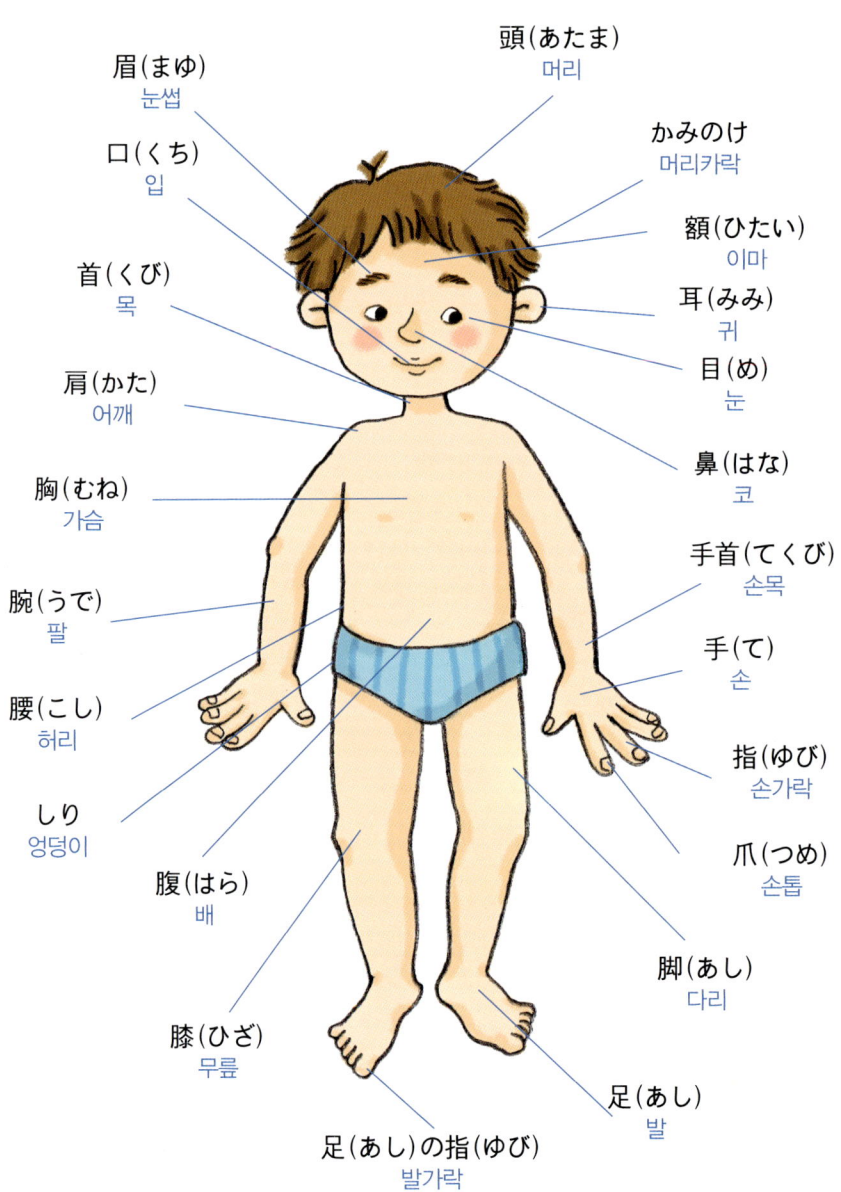

頭（あたま）
머리

眉（まゆ）
눈썹

かみのけ
머리카락

口（くち）
입

額（ひたい）
이마

首（くび）
목

耳（みみ）
귀

目（め）
눈

肩（かた）
어깨

鼻（はな）
코

胸（むね）
가슴

手首（てくび）
손목

腕（うで）
팔

手（て）
손

腰（こし）
허리

指（ゆび）
손가락

しり
엉덩이

爪（つめ）
손톱

腹（はら）
배

脚（あし）
다리

膝（ひざ）
무릎

足（あし）
발

足（あし）の指（ゆび）
발가락

■ ■ ■ 액세서리

帽子(ぼうし)
모자

サイクルキャップ
야구모자(앞에 챙이 있는 운동모자)

ネックレス
목걸이

シャツ
셔츠

カバン
책가방

チョッキ
조끼

グローブ
야구장갑

指輪(ゆびわ)
반지

傘(かさ)
우산

ベルト
벨트

ルックサック
배낭

ワンピース
원피스

ストッキング
스타킹

ジーパン
청바지

サンダル
샌들

運動靴(うんどうぐつ)
운동화

サッカー
축구

野球(やきゅう)
야구

バスケットボール
농구

テニス
테니스

バレーボール
배구

ビリヤード
당구

ボクシング
권투

ピンポン
탁구

ゴルフ
골프

水泳(すいえい)
수영

ジョギング
조깅

なわとび
줄넘기

バレエ
발레

スキー
스키

ボーリング
볼링

アーチェリー
양궁

乗馬(じょうば)
승마

インターネットサーフィン
인터넷서핑

ショッピング
쇼핑

将棋(しょうぎ)
장기

歌(うた)
노래

酒(さけ)を飲(の)むこと
술 마시기

音楽鑑賞(おんがくかんしょう)
음악 감상

映画鑑賞(えいがかんしょう)
영화 감상

読書(どくしょ)
독서

登山(とざん)
등산

こいぬ
강아지

猫(ねこ)
고양이

亀(かめ)
거북이

オウム
앵무새

カメレオン
카멜레온

ハムスター
햄스터

熱帯魚(ねったいぎょ)
열대어

兎(うさぎ)
토끼

金魚(きんぎょ)
금붕어

초보자가 꼭 배우는

독학 일본어 첫걸음

일본어 회화의 기본은 발음이다.
히라가나에서 가타카나까지.
펜맨십에서 일상회화까지 이 한 권으로
가볍게 끝낸다.

저 자	국제어학연구소 일본어학부
구 성	오십음도 브로마이드
	단어 핸드북
	일본어 펜맨십
	발음, 회화 CD 1장
판 형	사륙배판
펴낸날	2008년 11월 20일
판매가	13,800원

MP3
무료다운로드

독학 일본어 첫걸음은 일본어 문자와 발음, 그리고 회화를 한 권으로 엮어 가장 손쉽고 빠르게 일본어를 익힐 수 있도록 구성하였다. 언어 습득에는 왕도가 없다. 그저 지치지 말고 차근차근 꾸준히 즐거운 마음으로 다가가길 빌며, 이 책이 여러분의 일본어 습득에 많은 도움이 되길 바랍니다.